中原城市群
发展战略研究

梅宪宾　著

ZHONGYUAN CHENGSHIQUN
FAZHAN ZHANLUE YANJIU

中国社会科学出版社

图书在版编目（CIP）数据

中原城市群发展战略研究／梅宪宾．—北京：中国社会
科学出版社，2009.9

ISBN 978 - 7 - 5004 - 8164 - 5

Ⅰ．中…　Ⅱ．梅…　Ⅲ．城市群 - 发展战略 - 研究 -
河南省　Ⅳ．F299　276.1

中国版本图书馆 CIP 数据核字（2009）第 162822 号

责任编辑　王半牧
责任校对　韩天炜
封面设计　弓禾碧
技术编辑　王炳图

出版发行　中国社会科学出版社
社　　址　北京鼓楼西大街甲 158 号　　邮　编　100720
电　　话　010 - 84029450（邮购）
网　　址　http://www.csspw.cn
经　　销　新华书店
印　　刷　北京奥隆印刷厂　　　　　装　订　广增装订厂
版　　次　2009 年 9 月第 1 版　　　印　次　2009 年 9 月第 1 次印刷
开　　本　710×960　1/16
印　　张　15.75　　　　　　　　　　插　页　2
字　　数　200 千字
定　　价　28.00 元

目　录

第一章 绪论

一 概念界定

中原城市群是指以省会郑州为中心，包括洛阳、开封、新乡、焦作、许昌、平顶山、漯河、济源共 9 个省辖（管）市，14 个县级市、33 个县、340 个建制镇。区域面积 5.87 万平方公里，占全省的 35.1%；人口 4045 万，占全省总人口的 41%。[①] 其中省会郑州是中原城市群的中心城市、洛阳为副中心；郑州、洛阳、开封、新乡、许昌 5 个区域是中原城市群的核心区；到 2020 年，郑汴一体化区域将率先基本实现工业化。

发展是指事物从一种质态演变、过渡到另一种质态的过程。发展具有渐进性、阶段性、突破性、质变性等特征。

战略一词源于军事领域。毛泽东同志曾指出，战略问题是研究战争全局的规律性的东西，即战略是对战争全局的筹划和指导。战略有以下特点：第一，战略是关系战争全局及规律性的问题；第二，战略侧重于策划、谋划；第三，战略具有相对的稳定性；第四，战略的目标是尽一切努力争取战争的胜利；第五，在战略实施过程中，必须牢牢把握战略的主动权。

中原城市群发展战略，则是指在中原城市群发展过程中，有关全局的筹划、构想和部署。其目的和目标是促使中原城市群的

---

① 根据河南统计网（http：//www. ha. stats. gov. cn/hntj/index. htm）公布的中原城市群各省辖市数据整理。

快速发展，促使这一区域尽快基本实现现代化。

中原城市群的"一极两圈三层"。"一极"即构建带动全省经济社会发展的核心增长极，就是"郑汴新区"，包括"大郑东新区"和"汴西新区"。"两圈"即加快城市群轨道交通体系建设，在全省形成以郑州综合交通枢纽为中心的"半小时交通圈"和"一小时交通圈"。"半小时交通圈"就是以城际快速轨道交通和高速铁路为纽带，实现以郑州为中心、半小时通达开封、洛阳、平顶山、新乡、焦作、许昌、漯河、济源8个省辖市；"一小时交通圈"就是以高速铁路为依托，形成以郑州为中心、一小时通达安阳、鹤壁、濮阳、三门峡、南阳、商丘、信阳、周口、驻马店9市的快速交通格局。"三层"即中原城市群核心层、紧密层、辐射层。核心层指郑汴一体化区域，包括郑州、开封两市区域；紧密层包括洛阳、新乡、焦作、许昌、平顶山、漯河、济源7个省辖市区域；辐射层包括安阳、鹤壁、濮阳、三门峡、南阳、商丘、信阳、周口、驻马店9个省辖市市区。未来一个时期，河南省谋划围绕"一极两圈三层"架构，加快中原城市群发展，构建现代城镇体系，促进全省城市合理分工、功能互补、向心发展、协调推进、共同繁荣。

中原城市群发展战略有以下特征：第一，地域性。特指以河南省会郑州为中心，包括洛阳、开封、新乡、焦作、许昌、平顶山、漯河、济源8市在内的区域范围。第二，目标性。研究这一区域发展战略的目的，是促使其尽快基本实现现代化。第三，导向性。促使各种生产要素在这一地区的聚集，产生集聚效应。第四，全面性。包括经济、政治、文化、社会、生态的全面发展。第五，阶段性。发展战略目标的实现，需要分阶段、分步骤逐步实施，而每一个阶段则有不同的中心任务。第六，激励性。美好的发展规划、发展蓝图，将激励河南人民始终如一地为之而奋斗，将吸引大批海内外有识之士来此安居、创业。

二　研究背景和意义

（一）研究背景

城市，尤其是现代城市的形成和发展，是社会生产力逐步集聚与高度集中的显著标志，也是人类社会进步的具体体现。作为人类聚居的主要场所，同时也是工业、交通、商业、服务、金融、信息业、教育等分布的集中点，现代城市不是一个孤立、封闭的体系，它与邻近的许多城镇、区域有着密切的联系，共同构成一个完整的有机整体。随着经济的发展、城市化的不断深入，城市由分散、孤立，逐步走向区域整体、联动发展，彼此间相互联系、聚合、辐射，最后形成一种群体组织，我们称之为城市群。

目前，"全世界城市群经济圈占国家的份额越来越大。例如荷兰的兰斯塔德城市群，其国内生产总值（GDP）占全国的份额在1995—2002年年均达到51.3%，丹麦的哥本哈根、韩国的首尔和爱尔兰的都柏林等城市群，其国内生产总值占全国的份额在1995—2002年年均也分别达到49.5%、48.6%和47.6%。不仅如此，城市群还通常是全国的重要社会政治文化中心，对国家的社会政治文化发展起着至关重要的作用"。[①]

改革开放以来，东部沿海地区率先形成了长江三角洲、珠江三角洲和京津冀三大城市群，并成为我国参与国际经济竞争的战略高地，我国的现代化建设将出现新的战略格局。近年来中西部地区的一些城市群，也在政府的强力推动和市场的双重作用下，不断加快发展，正在成为带动区域经济发展和参与竞争的重要力量。

[①]　倪鹏飞、侯庆虎、王有捐、刘彦平：《城市：群起群飞襄中华》，《中国城市竞争力报告》（NO.6），社会科学文献出版社2008年版，第29页。

　　河南省早在制定"八五"计划时，就提出了中原城市群的概念。为积极顺应国内外城镇化发展趋势，进一步加快城镇化进程，2003年河南省委、省政府做出了实施中心城市带动战略的决策，提出了《中原城市群发展战略构想》。为加强对中原城市群的引导和培育，在认真借鉴国内外城市群发展的一般规律与实践经验，深入调查研究，广泛征求省内外专家、学者、各有关市和部门意见与建议的基础上，组织编制了《中原城市群总体发展规划纲要》，并于2006年3月经省政府批准实施。

　　2008年11月20日，河南省委、省政府召开会议，研究进一步加快中原城市群、郑汴一体化发展、建设城乡统筹改革发展试验区、加快河南城镇体系规划、郑州城市总体规划、河南土地利用总体规划编修、全省产业集聚区发展规划等事关中原崛起的重大问题。近年来，中原城市群发展势头强劲、成效明显，2007年中原城市群9市生产总值8611亿元，占全省的比重达到57.4%；2008年中原城市群9市生产总值10562.4亿元，占全省的比重为57.38%,① 与2007年占全省的比重基本持平且略有下降，这说明除中原城市群9市以外的河南省其他9市发展势头迅猛。但总体上说，中原城市群对全省经济社会发展的带头作用不断增强。实践证明，中原城市群发展战略的提出和实施是正确的、有效的。

　　但是，在中原城市群的发展过程中也出现了一些问题，其原因在于：第一，中原城市群发展战略实施成效的显现需要一个过程；第二，省里对中原城市群的支持力度还不够。要解决好这些突出问题，必须做到：第一，要进一步明确中原城市群在全省经济社会发展中的地位和作用。中原城市群是中原崛起的"柱石"，

---

　　① 根据中原城市群各市政府网站公布的2008年国民经济与社会发展统计公报整理。

必须进一步明确"柱石"的作用体现在什么地方，如何给予支持，从而使认识更加清醒、措施更加有效、效果更加明显。第二，要进一步明确中原城市群的职能。中原城市群发展要以郑州为中心，以大郑州经济区为主体，以郑汴洛为核心，以9个城市为合力，带动和支撑中原崛起。第三，要进一步解决运行中的问题。大郑州经济区问题和中原城市群合力问题，是中原城市群发展最迫切需要解决的问题，也是最关键的问题。要加快大郑州经济区的发展，加快发展以郑州为中心的经济圈，以突破郑州自身在区域、资源、产业布局等方面的局限。要形成中原城市群发展的合力，目前这9个市，由于没有形成一定的体制机制，仍然处于通过各自的发展来壮大中原城市群整体实力的阶段，还是简单增加的加法而不是成倍增长的乘法。因此，要解决好形成什么样的合力、怎样形成合力的问题，特别是要研究解决城市各自为政、城市发展目标相似、产业结构雷同的问题，使中原城市群的合力更好地发挥出来。[1]

2009年6月23日，河南省委、省政府召开了中原城市群发展座谈会。会议强调，要加快中原城市群的发展：第一，要认清形势，统一思想，坚定不移地加快中原城市群发展。第二，要做强支撑，壮大规模，千方百计提高中原城市群的实力和水平。一是以产业集聚区建设为载体，在打造增长极上下工夫。二是以比较优势为依托，在培育主导产业上下工夫。三是以提高承载能力为目标，在完善功能上下工夫。四是以城乡统筹为抓手，在聚集人口上下工夫。第三，要健全机制，创新举措，有力有序地推进中原城市群一体化进程。一要创新产业协同发展机制。二要创新设施服务联通机制。三要创新要素高效配置机制。四要创新沟通协调工作机制。第四，要统筹兼顾，重点把握，正确处理事关中原

---

[1]　《河南日报》，2008年11月21日。

城市群发展全局的五大关系。一要处理好核心层、紧密层、辐射层之间的关系。中原城市群这条蛟龙要真正舞起来，必须抓住规划这个基础，郑汴新区这个关键，抓好畅通、联通、融通这个重点，尽快形成功能互补、产业对接、向心发展、共同繁荣的发展新格局。二要处理好市场主导与政府推动的关系。三要处理好全面发展与突出特色的关系。四要处理好城市建设与文化塑造的关系。五要处理好立足当前与着眼长远的关系。①

在中西部地区，中原城市群是介于北京、武汉、济南、西安之间，半径500公里区域内城市群体规模最大、人口最密集、经济实力较强、工业化进程较快、城镇化水平较高、交通区位优势突出的城市群，是我省乃至中部地区承接发达国家及我国东部地区产业转移、西部资源输出的枢纽及核心区域之一。与中西部地区其他城市群相比较，现阶段中原城市群在城市群体规模、人口集聚度、城镇分布密度、经济总量、地方财政收入、人均收入水平等方面均居于领先地位，已成为中西部地区规模最大、最具发展潜力的城市群。"河南城市化水平相对较低，中原城市群已经形成，城市群经济规模大，GDP总值占全省的比重为57.4%，密度较高，分工程度较高，经济联系紧密，科技、医疗及文化设施水平高。为实现中原崛起，河南确立了从经济大省向经济强省、从文化资源大省向文化强省跨越的发展目标。"② 随着进一步的发展，中原城市群必将发挥其应有的作用。

近年来，在中央和国家有关部委的支持下，中原城市群发展态势良好、发展势头强劲，得到了国家、兄弟省区和专家学者的高度关注与广泛认同。中原城市群作为国家沿京广、陇海城镇发展轴上的重要城市群之一，已被国家列为"十一五"期间重点开

---

① 《河南日报》，2009年6月24日。
② 《经济日报》，2009年4月10日。

中原城市群位于北京、武汉两个特大型城市之间，以
郑州为中心，500 公里以内没有特大城市，区位优势明显，
有利于中原城市群的发展。

发区域。2006 年 4 月 15 日，中共中央、国务院印发的《关于促进
中部地区崛起的若干意见》（中央［2006］10 号）中明确提出：
以中原城市群等为重点，"增强中心城市辐射功能，促进城市群和
县域发展。构建布局完善、大中小城市和小城镇协调发展的城镇
体系。以省会城市和资源环境承载力较强的中心城市为依托，加
快发展沿干线铁路经济带"；"支持城市间及周边地区基础设施建
设，引导资源整合，共建共享，形成共同发展的合作机制"。① 中
原城市群还在国家主体功能区规划中被列为全国层面的重点开发

---

① 《十六大以来重要文献选编》（下），中央文献出版社 2008 年版，第 420 页。

区。郑州、开封、洛阳、平顶山四市进入国家重点支持改造的 26
个中部地区老工业基地城市行列。郑州作为中原城市群中心城市，
在国家政策支撑层面得到有力倾斜，建设部将郑州列为 9 个国家
一级综合交通枢纽之一，民航总局将郑州列为全国 8 大枢纽机场
之一，交通部将郑州列为全国路网枢纽中心。

　　与此同时，在中原城市群发展的过程中，还面临着诸多深层
次问题，迫切需要通过城乡一体化改革试验来进一步推动体制机
制创新，探索、建立城市群协调发展的新模式、新体制、新机制，
促进区域对接和协作，统筹区域协调发展。

　　目前，全国许多省区，都在谋划构筑省域核心城市群，以提
高各自的竞争力，因为"城市群拥有比单独城市更加庞大的商品
和服务市场，更为专业化的劳动力蓄水池，以及更为广泛和高度
发展的运输、电讯网络。这些竞争优势使城市群成为经济增长的
引擎和全球新的竞争者。"① 随着城市化进程的加快，城市之间的
竞争不可避免，但它不应该是盲目、无序的竞争；相反，在城市
群的发展过程中，各城市应当彼此合作，共同繁荣，共同发展，
实现共赢。

　　在城市群的发展过程中，资金、技术、人口、信息等都在
向区域条件好、经济发展水平高、技术创新能力强的地区集
聚，即集聚到大城市，进入到各类现代化产业。河南无论是推
进城市化，还是统筹城乡发展，都需要发展特色大城市群。因
此，从河南发展的实际情况来看，需要选择以特色城市群为核
心的城市化模式。对中原城市群来讲，众多的人口和滞后的城市
化进程，如果没有自己的特色城市群吸纳消化，仅仅靠劳务输
出，是不可能实现区域城市化快速健康发展的。因此，河南要有
意识地培育出具有区域特色的城市群，以推进整个省域的城市化

---

① 左学金：《长江三角洲城市群发展研究》，学林出版社 2006 年版，第 253 页。

发展进程。

世界发达国家的发展经验表明，在经济飞速发展的今天，地区之间的竞争是城市的竞争，而城市的竞争不再是简单的个体竞争，是产业群之间的竞争与城市群之间的竞争。据世界银行统计：日本的东京、阪神、名古屋3大城市群集中了全国65%的人口和70%的GDP；伦敦、巴黎、米兰、慕尼黑和汉堡组成的大都市区，集中了欧盟40%的人口和40%的GDP；美国的大纽约区、大洛杉矶区和五大湖区3大城市群的GDP达到6.7万亿美元，约占全国GDP总量的67%。中国的城市发展也揭示：改革开放以来，中国城市化速度是世界同期平均速度的两倍左右，由1978年的17.92%达到现在的44.9%，城市经济对我国GDP的贡献率在70%以上。[①] 因此，培育和建设具有较强竞争力和潜力的城市群，是中部崛起的必由之路。

（二）研究意义

发展城市群具有多重意义，例如它使资源获得更为便利、劳动力分工深化和市场竞争充分，同时，城市群的集聚效应显著，也可以产生较大的正外部效应，有利于物力资本和社会资本的形成。另外，城市群的发展还有助于通过促进分散聚集解决单个城市过度发展所产生的污染和拥挤等问题，更能适应劳动力市场对稳定性和灵活性的双重要求和城市发展专业化和多样性的要求。[②]

童中贤等认为，中心城市也称核心城市，是城市群形成和发展的重要条件。城市群成功与否的关键，一般要看有没有重量级的大城市做其内核，这种"内核"应当是城市群内的调控枢纽，

———————————

① 《光明日报》，2008年12月25日。

② 倪鹏飞、侯庆虎、王有捐、刘彦平：《城市：群起群飞襄中华》，《中国城市竞争力报告》（NO.6），社会科学文献出版社2008年版，第29页。

也是这个城市群的增长极、辐射源、集散地。①

中原城市群的发展、壮大，对中部崛起具有重要意义。中原城市群正着力构建以郑州为中心、洛阳为副中心，其他 7 个城市为支点，中小城市和小城镇为节点的多层次、网络状、开放型的城市体系；积极培育陇海、京广、南太行、伏牛东等四大产业带，努力形成城市与产业互为支撑、相互交融、协调有序的发展格局。同时，中原城市群还加强巩义、偃师、新郑、长葛等重要支点城市建设，努力形成以郑州为中心、全省产业集聚、城镇最为密集的区域，成为带动全省经济社会发展的核心增长极。

根据中原城市群发展的基本布局，到 2020 年，预期郑州中心城区人口规模突破 500 万人，成为全国区域性中心城市；洛阳中心城区人口规模达到 350—400 万人；许昌、漯河两市也进入特大城市行列；济源、巩义、偃师 3 市进入大城市行列；城市群体规模进一步发展壮大，与周边城市实现融合发展。

近年来，尽管中原城市群发展步伐较快，但还存在一些问题。由于城市群人口的过度聚集，带来许多问题。例如，城市群发展会带来拥挤成本，这主要包括交通堵塞、空气和水污染、噪音、绿地面积减少等。而且，城市群内部的交通、通讯和环境治理等设施可能会由于各城市间缺乏完善的协调机制而得不到必要的保护。随着城市群人口规模扩大和文化多样性增加，群体之间的沟通日益困难，磨擦增加，这也会导致城市群的社会凝聚力较差。城市群的出现还使人民生活和生产的空间结构发生了变化，但在现存的城市边界和管理体制下，城市政策和公共财政收支很难适应这种变化，表现在各城市间政策协调和财政协调性较差，由此

---

① 童中贤、熊柏隆、肖琳子、田高平：《长株潭城市群转型后的中心城市选择》，《郑州航空工业管理学院学报》，2007 年第 4 期，第 7—13 页。转引自中国人民大学复印报刊资料《城市经济、区域经济》，2007 年第 10 期，第 58 页。

带来了很多新问题。① 以下把中部地区的中原城市群、武汉城市圈、长株潭城市群及三省2008年国民经济和社会发展统计公报有关数据整理如下：②

表1-1　　　　　　　河南省及中原城市群9市2008年有关指标比较

地区数据	河南省	郑州	洛阳	开封	新乡	焦作	许昌	平顶山	漯河	济源
GDP 总量（亿元）	18407.78	3004	1919.6	689.3	949.49	1031.59	1062	1067.7	550.3	288.35
增长率（%）	12.1	12.2	14.4	13.1	13.9	12.6	12.6	13.6	13.4	14.8

表1-2　　　　　　　湖北省及武汉城市圈9市2008年有关指标比较

地区数据	湖北省	武汉	黄石	孝感	潜江	仙桃	鄂州	黄冈	天门	咸宁
GDP 总量（亿元）	11330.38	3960.08	556.57	593.06	211.82	233.5	269.79	600.8	187.25	359.19
增长率（%）	13.4	15.1	11.6	14.7	15.3	15.4	15.8	15	14.6	16.1

表1-3　　　　　　　湖南省及长株潭城市群2008年有关指标比较

地区数据	湖南省	长沙	株洲	湘潭
GDP 总量（亿元）	11156.64	3000.98	909.5	694.76
增长率（%）	12.8	15.1	13.4	13.8

---

① 倪鹏飞、侯庆虎、王有捐、刘彦平：《城市：群起群飞襄中华》，《中国城市竞争力报告》（NO.6），社会科学文献出版社2008年版，第29页。

② 河南统计网：http：//www. ha. stats. gov. cn/hntj/index. htm，湖北统计信息网：http：//www. stats-hb. gov. cn/tjj//，湖南统计信息网：http：//www. hntj. gov. cn/

表1-4　　　　　　　　中心城市占2008年城市群经济总量比较

地区 数据	郑州	中原 城市群	武汉	武汉 城市圈	长沙 （一）	长株潭 城市群	长沙 （二）	"3+5" 城市群
GDP 总量 （亿元）	3004	10562.4	3960.08	6972.06	3000.98	4565.24	3000.98	8760.51
比重 （%）	28.44		56.8		65.73		34.26	

注：近年来，湖南在长株潭城市群的基础上，提出"3+5"城市群区域。长株潭城市群"1+1+1"由长沙、株洲、湘潭三市组成；"3+5+1"即以长株潭为中心，包括岳阳、常德、益阳、娄底、衡阳，以及江西萍乡在内的城市群，在湖南通称"3+5"。①

表1-5　　　　　　　　城市群占2008年省域经济总量比较

地区 数据	河南省	中原 城市群	湖北省	武汉 城市圈	湖南省	长株潭 城市群	"3+5" 城市群
GDP 总量 （亿元）	18407.78	10562.4	11330.38	6972.06	11156.64	4565.24	8760.51
增长率 （%）		57.38		61.53		40.92	78.52

从以上五表的比较中可以看出：

第一，中原城市群2008年经济实力居首。2008年，中原城市群GDP达10562.4亿元，居首位；其次是武汉城市圈，GDP达6792.06亿元；最后是长株潭城市群，GDP达4565.24亿元。

第二，在省会城市中，郑州经济实力居第二位，而经济增长率则居第三。2008年，武汉市GDP总量达3960.08亿元，经济增长率为15.1%，与长沙持平；郑州经济总量虽达3004亿元，但与长沙的经济总量相差无几；长沙2008年经济总量为3000.98

①　童中贤、熊柏隆、肖琳子、田高平：《长株潭城市群转型后的中心城市选择》，《郑州航空工业管理学院学报》，2007年第4期，第7—13页。转引自中国人民大学复印报刊资料《城市经济、区域经济》，2007年第10期，第58页。

亿元，但经济增长率高达15.1%，与武汉持平，超郑州2.9个百分点。

第三，在中心城市占城市群的经济实力比较中，郑州明显居后。长沙占长株潭经济总量的比重为65.73%，武汉为56.8%，郑州则为28.44%，说明郑州的中心城市带动作用差距大。另据吴海峰等的研究，郑州的经济首位度（一般以经济总量居第一位的中心城市与经济总量居第二位的城市的比值来衡量，首位度越高，中心城市的凝聚力和集聚功能就越强）仅有1.5（洛阳是第二位城市），而武汉的首位度却已达到了4.5（黄冈是第二位城市）。由此可见，郑州作为中原城市群的中心，其核心地位也与武汉有着相当的差距。①

第四，从三个城市群占各省经济总量的比较看，中原城市群居第二位。2008年，武汉城市圈占湖北省经济总量的比重为61.53%，居第一位；其次为中原城市群，占2008年河南省经济总量的比重为57.38%，这一数据与2007年基本持平；最后是长株潭城市群，占2008年湖南省经济总量的比重为40.92%。但是，近年来，湖南提出"3+5"泛长株潭城市群，而2008年"3+5"地区生产总值为8760.51亿元，如照此数据计算，2008年，"3+5"城市群占湖南省经济总量的比重为78.52%，超过武汉城市圈居第一位，更是远超中原城市群57.38%的比重。

近年来，虽然中原城市群纵向比较发展较快，但横向比较，仍差距较大。未来，"全球城市群发展迅速，城市群在国家的地位也更加重要，不仅数量增加迅速，规模也逐渐扩大，同时呈现出空间结构复杂化、产业结构分化等特点，并且城市群之间的竞争

---

① 吴海峰、柏程豫：《中原城市群与武汉城市圈比较研究》，《学习与实践》（武汉），2006年第11期，第28—33页。转引自中国人民大学复印报刊资料《城市经济、区域经济》，2007年第3期，第47页。

更加激烈，更高层次的大城市集群开始出现"。[①]

因此，本课题的研究，可以为河南制定城市化发展战略和中原城市群发展思路提供依据；同时，也可以丰富中部地区城市群相关研究内容，为政府制定政策措施提供参考。

三　国内外城市群研究综述

（一）国外研究回顾

原新等认为，都市圈的概念最早要追溯到法国地理学家戈德曼（Jean Gottmann）。1957 年，戈德曼根据对美国东北海岸地区的考察，提出了影响深远的"都市圈理论"。在美国东北海岸这一巨大的城市化区域内，支配空间经济形式的已不再是单一的大城市，而是聚集了若干个大城市，并在人口和经济活动等方面有密切联系的巨大整体。戈德曼认为，都市圈必须具备如下条件：一是区域内有比较密集的都市；二是有相当多的大城市形成各自的都市区，核心城市与都市区外围的县有着密切的经济社会联系；三是有联系方便的交通走廊把这些核心城市连接起来，使各个都市区首尾相连没有间隔；四是必须达到相当大的规模，人口在 2500 万以上；五是国家的核心区域，具有国际交往枢纽的作用。1976 年，戈德曼提出世界上有 6 个都市圈：一是从波士顿经纽约、费城、巴尔的摩到华盛顿的美国东北部都市圈；二是从芝加哥自东经底特律、克里夫兰到匹兹堡的都市圈；三是从东京、横滨经名古屋、大阪到神户的日本太平洋沿岸都市圈；四是从伦敦经伯明翰到曼彻斯特、利物浦的英格兰都市圈；五是从阿姆斯特丹到鲁尔和法国北部工业集聚体的西北欧都市圈；六是以上海为中心的城市密

---

①　倪鹏飞、侯庆虎、王有捐、刘彦平：《城市：群起群飞襄中华》，《中国城市竞争力报告》（NO.6），社会科学文献出版社 2008 年版，第 29 页。

集地区。①

20世纪70年代，日本小林博士在对东京大都市圈研究后，提出了城市群发展过程的3个概念：大都市地区（Metropolitan Region）、大城市区（Metropolitan Area）、城市化地带（Urbanized Area）。

进入21世纪后，城市化浪潮不断高涨。关系经济地理学派的巴斯尔提（H. Bathelt）认为，经济实体及其相关作用关系，可以引起经济地理发展和变化，城市群是其中的一个产物。

在城市群的研究中，其中一个亮点就是城市群的人文主义研究。美国著名的城市学者芒福德，早在20世纪60年代，就呼吁城市规划中的人本主义。城市规划理论逐渐由着重生产到关怀人文，提倡消费者城市、高舒适度城市和适宜居住的城市。

（二）国内研究回顾

周一星认为，"都市连绵区的概念是作者（即周一星）在1986年讨论中国城市概念和城镇人口统计口径首先提出来的。在1988年讨论McGee提出的Desakota Region的夏威夷国际会议上，我（周一星）进一步提出了中国东部沿海的珠江三角洲、长江三角洲、京津唐和辽中南4个地区具有形成都市连绵区的基本条件"。②

李捷认为，"城市群是指在特定的地域范围内具有相当数量的不同性质、类型和等级规模的城市，依托一定的自然环境条件，以一个或两个特大或大城市作为地区经济的核心，借助于现代化的交通工具和综合运输网的通达性以及高度发达的信息网络，发生与发展着城市个体之间的内在联系，共同构成一个相对完整的

---

① 原新、唐晓平：《都市圈化：一种新型的中国化战略》，《中国人口·资源与环境》，2006年第4期，第7—12页。

② 周一星：《管理世界》，2000年第3期，第18—25页。

城市'集合体'"。①

20 世纪 80 年代后，国内对城市群的研究渐渐开展起来。

1. 城市群概念的界定

庞晶等认为，大都市圈是由若干大城市为核心、包括周边众多中小城市共同组合而成的集合型城市群区域。广义的城市群是将所有群体化城市形态统称为城市群，而不拘泥于城市空间结构在不同阶段表现出的具体形态，建立了包括大都市区、都市圈、都市连绵区，以及大都市带等在内的城市群概念体系。狭义的城市群是一个都市圈同级的概念，指在一定地域范围内，以一个或者多个城市为核心，通过发达的交通网络与周边中小城市构成的城市区域。它是以大城市聚集为主的城市化过程中出现的一种群体化城市空间形态。② 刘治彦认为，以某个较大的中心城市为核心的城市区域称为"都市圈"，若干个都市圈组成"城市带"或"都市密集区"。城市是区域的核心，区域是城市发展的根基；中心城市、城镇体系和所在区域组成"城市区域"，是人类经济活动的基本地域单元；城市区域经济就是以中心城市和所辐射的区域组成的内部联系密切的经济系统。刘治彦还认为，目前，我国正处于城市化快速推进时期，人口正沿着农村——小城镇——小城市——大中城市——大都市的路径逐步加速迁移，在全国将形成若干大的区域经济带、城市群和都市圈。③

---

① 李捷：《珠江三角洲城市群经济结构优化探讨》，《国际经贸探索》，2006 年第 5 期，第 23—27 页。转引自中国人民大学复印报刊资料《城市经济、区域经济》，2007 年第 3 期，第 41 页。

② 庞晶、叶裕民：《城市群形成与发展机制研究》，《生态经济》，2008 年第 2 期，第 97—99 页。转引自中国人民大学复印报刊资料《城市经济、区域经济》，2008 年第 5 期，第 24 页。

③ 刘治彦：《中原城市群区域经济发展格局与改进策略分析》，《中共福建省委党校学报》，2008 年第 4 期，第 6—11 页。转引自中国人民大学复印报刊资料《城市经济、区域经济》，2008 年第 8 期，第 20、23 页。

　　陈柳钦认为，所谓城市群，是指在城市化过程中，在一定的地域空间上，以物质性网络（由发达的交通运输、通讯、电力等线路组成）和非物质性网络（通过各种市场要素的流动而形成的网络组织）组成的区域网络化组织为纽带。城市群是区域经济活动的空间组织形式。中心城市对群体内其他城市有较强的经济、社会、文化辐射和向心作用。城市群有三种基本形态：一是内聚性城市群；二是依存性城市群；三是网络性城市群。城市群的基本特征：一是地域性；二是群聚性；三是中心性；四是联系性。[①]

　　张攀等认为，城市群不仅表现在空间属性（距离、区位、自然禀赋等）和经济特性（人口、产业等）上，也表现在所在区域的社会基础（文化、社会规则等）和技术向度（技术与创新水平）上。城市群表现为内外沟通便利、人类活动空间集聚显著、具有近似的社会基础和多元化的技术向度的区域空间特征。[②]

　　赵勇等认为，城市群是指在特定地域范围内，以一个或两个超大或特大城市作为区域经济社会发展的核心，以高度发达的现代化交通、通讯、信息网络为媒介，城市之间通过企业集聚扩散等密切的交互作用，产业的空间、部门演化以及基于地方政府的制度变迁所形成的具有特定规模结构、职能结构和空间结构相对完整的城市集合体。这一定义具有如下内在规定性：一是城市群是一个地域概念，表现为在特定地域范围内的城市群体；二是城市群具有完善的城市等级体系和网络结构；三是城市群具有合理的产业分工与协作网络；四是城市群具有完善的协调机制和区域

---

　　① 陈柳钦：《新的区域经济增长极：城市群》，《福建行政学院学院》，2008年第4期，第74—79页。转引自中国人民大学复印报刊资料《城市经济、区域经济》，2008年第11期，第65页。

　　② 张攀、徐长乐：《城市群整合与发展战略研究》，《改革与战略》，2008年第8期，第37—39页、36页。转引自中国人民大学复印报刊资料《城市经济、区域经济》，2009年第1期，第46页。

治理结构。赵勇等同时认为，城市群的本质特征有：设施同城化、市场一体化、功能一体化、利益协同化。[①]

综上所述，所谓城市群是城市区域化和区域城市化过程中出现的一种独特的地域空间组织形式，是城市化发展到一定水平的标志和产物。它是指在一定的区域范围内，以一个或几个大型或特大型中心城市为核心，包括若干不同等级和规模的城市构成的城市群体，它们依托空间经济联系组成一个相互制约、相互依存的一体化的城市化区域。

2. 城市群的特征及类型

赵梅等认为，城市群有以下几个特征：一是城市群形成发展过程中的动态特征；二是城市群具有区域城市的空间网络结构性；三是城市群具有区域内外的连接性和开放性特点；四是城市群内的城市具有相互之间的吸引集聚和扩散辐射功能。[②]

倪鹏飞认为，城市群是指由集中在某一区域，交通便利，彼此经济社会联系密切而又相对独立的若干城市或城镇组成的人口和经济集聚区。根据群中各城市规模和功能的不同，城市群可以分为单中心城市群和多中心城市群，前者如以纽约、伦敦、巴黎、斯图加特等城市为中心的团状城市群，后者如荷兰的兰斯塔德、德国的鲁尔区和乌克兰的顿巴斯等带状城市群。[③]

3. 城市群发展模式

安树伟认为，目前中国大都市区管治中存在的"后果导向"

---

① 赵勇、白永秀：《区域一体化视角的城市群内涵及其形成机理》，《重庆社会科学》，2008 年第 9 期，第 34—38 页。转引自中国人民大学复印报刊资料《城市经济、区域经济》，2009 年第 2 期，第 68—69 页。

② 赵梅、姚士谋、彭立华：《中国城市群规划的创新理念》，《上海城市管理职业技术学院学报》，2007 年第 1 期，第 11—13 页。转引自中国人民大学复印报刊资料《城市经济、区域经济》，2007 年第 5 期，第 56—57 页。

③ 倪鹏飞、侯庆虎、王有捐、刘彦平：《城市：群起群飞襄中华》，《中国城市竞争力报告》（NO.6），社会科学文献出版社 2008 年版，第 29 页。

和"管家式"的管治模式是其主要问题之一，因此，要实现由"后果导向"式管治向"原因导向"式管治的转变，逐步建立多元化的管治模式。①

熊柏隆在大长株潭"3+5"城市群一体化研究的基础上，推出在战略路径上应确定以政府推动、城市主导、市场配置三位一体相互联动的适宜性协同发展模式，通过政策驱动、行政推动、产业延展、交通融合、市场对接、文化凝聚六条路径选择，加速集群城市一体化发展。②

秦尊文通过对武汉城市圈产业一体化模式的研究，提出总——分模式、店——厂模式、资——地模式、主——辅模式、综——专模式、孵——产模式、上——下模式、区——园模式，这些模式的成功运用，使武汉城市圈的产业融合真正落到了实处，武汉城市圈在湖北省的龙头带动作用进一步显现。③

程开明认为，近几年我国城市化速度并非过快，但粗放型增长模式突出；区域间城市化水平差距不断拉大，但省际的差异在缩小；大城市发展快于中小城市，初步体现出大城市优先发展规律，并逐步产生以大城市为核心的城市群和城市带。④

吕斌等借鉴紧凑城市理论，提出采取高密度、多样化和公交

① 安树伟：《中国大都市区管治研究》，《广东社会科学》，2008 年第 1 期，第 37—43 页。转引自中国人民大学复印报刊资料《城市经济、区域经济》，2008 年第 7 期，第 63 页。

② 熊柏隆：《长株潭"3+5"城市群一体化发展走势研究》，《郑州航空工业管理学院学报》，2008 年第 2 期，第 6—10 页。转引自中国人民大学复印报刊资料《城市经济、区域经济》，2008 年第 5 期，第 35 页。

③ 秦尊文：《产业融合：武汉城市圈的主旋律》，《今日中国论坛》，2008 年 2—3 期，第 80—82 页。转引自中国人民大学复印报刊资料《城市经济、区域经济》，2008 年第 6 期，第 66—68 页。

④ 程开明：《我国城市化阶段性演进特征及省际差异》，《改革》，2008 年第 3 期，第 79—85 页。转引自中国人民大学复印报刊资料《城市经济、区域经济》，2008 年第 7 期，第 42、47 页。

导向的城市土地开发模式，这对建设环境友好、资源节约型城市，促进城市化的健康、可持续发展有着非常重要的意义。①

刘新静认为，郊区化与逆城市化是中国都市群的重要发展模式。逆城市化（counter—urbanization）强调的是随着后工业化的来临，人口在从大都市区流向非大都市区的同时，也在大都市区内部由大城市向中小城市流动。未来几年，郊区化与逆城市化在中国的进程势必会受到产业结构调整、老龄化和农民工回流的影响。②

周立群等认为，环渤海各行政区域主体以自我利益为中心的发展规划导致不良后果；同时，快速的经济增长也造成了对生态系统的破坏。因此，改善区域内的协调与合作，共同致力于由传统发展模式向可持续发展模式的转型，已经成为这一地区必须的选择。③

4. 城市群的形成与发展机制研究

周铁训认为，实现城市化应主要依靠大城市，但是，"大城市绝不会孤立地发展，在大城市迅速发展过程中，会将自身的能力传给周围的中小城市，带动它们发展，形成分工协助的城镇体系，发挥群体效益，这样才能使大城市对整个国民经济的带动作用得以充分发挥"。④

---

① 吕斌、祁磊：《紧凑城市理论对我国城市化的启示》，《城市规划学刊》，2008 年第 4 期，第 61—63 页。转引自中国人民大学复印报刊资料《城市经济、区域经济》，2008 年第 11 期，第 42 页。

② 刘新静：《郊区化与逆城市化：中国都市群发展的重要模式》，《南通大学学报》（社科版），2008 年第 4 期，第 16—22 页。转引自中国人民大学复印报刊资料《城市经济、区域经济》，2008 年第 11 期，第 70—72 页。

③ 周立群、舒萍：《环渤海区域经济发展：问题与对策建议》，《珠江经济》，2008 年第 7 期，第 11—25 页。转引自中国人民大学复印报刊资料《城市经济、区域经济》，2008 年第 11 期，第 30 页。

④ 周铁训：《天津社会科学》，2000 年第 5 期，第 58—63 页。

　　姜杰等认为，城市趋同化，是指城市化进程中，在社会发展自然规律与人为因素双重作用下，城市收入结构、经济结构、管理体制、教育文化模式的趋同化。在城市化过程中，城市趋同化是一个必然的过程，在一定时期内，它能有效降低城市发展成本，提升城市竞争力，促进城市发展。然而，当城市趋同越过生长上限后，边际收益递减必然带来城市发展边际成本递增，转而抑制城市发展。①

　　张鸿雁认为，中国应创造世界第六、第七大城市群体，即长江三角洲的崛起和珠江三角洲的发展。长江三角洲城市群的总体格局是一个发展极（上海），三个支点（南京、杭州、宁波），一个核心地带（苏州、无锡、常州），七个组团城市（南京、镇江和扬州组团）、杭州组团、苏锡常组团，并在长江三角洲创造经济一体化机制。在珠江三角洲构建具有两大交叉格局的城市群，一是香港为核心的"大香港都市圈"，主要包括香港、广州、珠海、深圳、澳门；另一个是以广州为核心的珠江三角洲城市群。②

　　庞晶等认为，集聚与扩散是城市群形成与发展的微观动力机制；分工和专业化构成了城市群形成与发展的产业支撑，从产业层面揭示了推动城市空间结构演化的深层动力；工业化与城市化互动是城市群形成与发展的宏观机制，是上述两种机制共同作用于产业结构、组织结构，以及空间结构的综合体现，最终引起城市空间组织结构沿着单中心、多中心、群体化、网

---

① 姜杰、胡艳董、孙倩：《中国城市趋同化及其治理》，《济南大学学报》（社科版），2006 年第 6 期，第 15—19 页。转引自中国人民大学复印报刊资料《城市经济、区域经济》，2007 年第 4 期，第 56 页。

② 张鸿雁：《论中国 21 世纪初城市化与城市现代化优先战略选择——与发达国家及地区城市化比较中国应采取的战略与对策》，《南京社会科学》，2000 年第 10 期，第 50—58 页。

络化方向演进。①

郑卫等认为，城市化过程中的每个发展阶段与城市化内在的动力机制、与城乡人口流动以及城市结构形态演变等多个方面都存在着紧密的联系，是城市化这个大系统中的子系统；从城市化发展历程、人口空间分布、城市形态演变分析，所谓的"逆城市化"实质上是远郊化。②

胡彬等以长江流域为例，对区域空间结构优化重组政策进行了研究，提出应在空间价值最大化、空间联系优化、空间竞争力重塑和空间创新能力挖掘等层面建立起全面促进长江流域区域空间结构优化重组的政策性机制。③

陈广汉认为，提升和完善合作机制，是粤港澳实现区域经济一体化，深化合作水平的重要保证。创新合作机制需要处理好以下关系：一是中央政府、特区政府与广东省政府之间的关系；二是短期和长期利益、局部和全局利益的关系；三是理念和体制的协调；四是官方、企业、社团和学术界的互动与结合。④

胡彬等认为，从市场一体化到模式一体化再到功能一体化，长三角区域的合作机制有待于从产业链分工、城市功能专业化与

---

① 庞晶、叶裕民：《城市群形成与发展机制研究》，《生态经济》，2008年第2期，第97—99页。转引自中国人民大学复印报刊资料《城市经济、区域经济》，2008年第5期，第24—25、27页。

② 郑卫、李京生：《论"逆城市化"实质是远郊化》，《城市规划》，2008年第4期，第55—59页。转引自中国人民大学复印报刊资料《城市经济、区域经济》，2008年第7期，第50、54页。

③ 胡彬、谭琛君：《区域空间结构优化重组政策研究—以长江流域为例》，《城市问题》，2008年第6期，第7—13页。转引自中国人民大学复印报刊资料《城市经济、区域经济》，2008年第10期，第26页。

④ 陈广汉：《推进粤港澳经济一体化研究》，《珠江经济》，2008年第6期，第4—9页。转引自中国人民大学复印报刊资料《城市经济、区域经济》，2008年第10期，第36页。

竞争性地域空间重构等角度实现深化与进一步的拓展。[①]

吴福象等以长三角16个城市为研究对象，提出这一区域的发展，主要是通过两种机制来实现的：一是当要素在区域间能自由流动时，一些优质要素主动向大城市集聚，而普通要素则选择向小城市集中，结果提高了长三角城市群要素集聚的外部经济性，提高了城市群研发创新的效率，促进了经济增长；二是在要素能自由流动时，城市群内政府为了吸引城市群外的企业和产业，加大了固定资产投资中的更新改造的比例，加大了对城市群内基础设施建设投资的比例，降低了企业交通运输成本，强化了需求关联的循环积累效应和投入产出联系，促进了城市群的经济增长。[②]

5. 城市群发展阶段及水平

对于城市容量问题，朱喜钢认为，"城市容量是在一定的城市空间范围内，以某种生存生活质量为前提所能容纳的最大人口负荷量。在此包含三方面的内涵：其一，它是特定的空间范畴（城市）内的人口负荷量。其二，这个负荷量的主体是人，有一定的生存质量和生活质量指标。其三，具有相对的时间性。由于城市的活动主体是人类，但同时也包含城市特定空间所能承载的其他一切与人类生存生活要素息息相关的有机与无机物体，因此，城市容量又是一个以城市人口容量为主体，同时包含城市的生物容量、资源土地容量、大气环境容量、交通建筑容量以及经济产业容量等的多重复合容量系统"。[③]

---

① 胡彬、应巧剑：《长三角区域发展中的"模式趋同"现象及一体化合作问题研究》，《当代财经》，2008年第9期，第92—96页。转引自中国人民大学复印报刊资料《城市经济、区域经济》，2008年第12期，第40页。

② 吴福象、刘志彪：《城市化群里驱动经济增长的机制研究—来自长三角16个城市的经验证据》，《经济研究》，2008年第11期，第126—136页。转引自中国人民大学复印报刊资料《城市经济、区域经济》，2009年第2期，第81页。

③ 朱喜钢：《南京大学学报》（哲学、人文、社科版），2000年第5期，第19—24页。

　　曾鹏从定性分析出发，从总量、质量、流量 3 个方面建立了 11 个层面，共 41 项具体指标的城市群综合发展水平评估指标体系，对中国十大城市群进行综合发展水平综合集成分析及评估，认为长三角城市群是综合发展水平最为强大的核心地区，京津冀城市群和珠三角城市群是综合发展水平发达的区域，中西部地区的城市群综合发展水平则相对低下。①

　　石忆邵介绍了兰德瑞教授对创新型城市的评价：第一，对城市创新前提的评价指标包括：城市危机或挑战意识，城市组织能力和管理能力，打破既有规则的能力，城市的学习能力等；第二，创新型城市的活力，包括经济活力、社会活力、环境活力及文化活力，每一个方面都可以用如下 9 个标准来衡量：关键阶段、差异性、可达性、安全性、特殊性、创新性、协同作用、竞争性和组织能力。创新型国家至少应具备以下三个基本特征：一是全社会 R&D 投入占国民生产总值的比重在 3% 以上；二是科技进步贡献率达到 70% 以上；三是企业对引进技术的依存度低于 30%。因此，许多学者也将这三个指标作为评价创新型城市的主要指标。②

　　董青等认为，中国目前已发育形成 25 个城市群。根据 GDP 总量可将中国城市群划分为三级：一级城市群为具有国家级意义发育成熟的三大城市群（长三角、京津冀、珠三角）；二级城市群为具有大区级意义发育程度较高的城市群，共 7 个；三级城市群为

　　① 曾鹏：《中国十大城市群综合发展水平：因素分析与综合集成评估》，《中国人口·资源与环境》，2008 年第 1 期，第 69—73 页。转引自中国人民大学复印报刊资料《城市经济、区域经济》，2008 年第 5 期，第 33 页。
　　② 石忆邵：《创意城市、创新型城市与创新型区域》，《同济大学学报》社科版，2008 年第 2 期，第 20—25 页。转引自中国人民大学复印报刊资料《城市经济、区域经济》，2008 年第 8 期，第 55—56 页。

发育程度较低但最低具备省级意义的 15 个城市群。①

6. 城市群与产业集聚的关系研究

魏忠等认为，滨海新区濒临渤海，位于京、津、冀城市带与环渤海城市带构成的"T"型城市带的交汇点，其产业以二、三产业为主，现已形成 15 大门类、具有特色的产业体系。"这些产业的聚集不仅有利于各企业分享劳动力市场，而且吸引了新的资本和人才不断流入该区域，导致资本的聚集。资本聚集程度越高，产生新资本所需的成本越小，资本利润率就越高，也越能够吸引新的企业进入，形成累积因果循环。另一方面，由于企业之间的相互靠近，基础设施的利用率提高，信息和技术的传播由于人与人之间距离减小而更加迅速和有效，滨海新区企业的成本因此而降低。"②

王中平认为，决定城市布局的基本因素主要有两个方面：一方面是经济因素，即产业资源的可开发性，包括产业集中度和产业发展当量。另一方面，就是地理环境因素，包括自然生存条件和交通条件等。此外，还有政治、历史、文化、教育等重要影响因素。③

陈柳钦认为，为促进城市群的形成和发展，建立和培育良性运行机制是根本出路，包括：一是建立城市群经济一体化理念与机制；二是建立城市群优化分工与协调的统一竞争规则；三是以

① 董青、李玉江、刘海珍：《中国城市群划分与空间分布研究》，《城市发展研究》，2008 年第 6 期，第 70—75 页。转引自中国人民大学复印报刊资料《城市经济、区域经济》，2009 年第 4 期，第 32 页。

② 魏忠、李杰：《产业集聚与区域经济增长：滨海新区与环渤海发展新探讨》，《天津社会科学》，2006 年第 4 期，第 65—68 页。转引自中国人民大学复印报刊资料《城市经济、区域经济》，2007 年第 2 期，第 34—35 页。

③ 王忠平：《我国城市化进程中的宏观调控问题》，《城市发展研究》，2008 年第 2 期，第 33—37 页。转引自中国人民大学复印报刊资料《城市经济、区域经济》，2008 年第 9 期，第 32 页。

产业群和产业链为依托融入经济全球化过程；四是培育功能强大的中心城市。①

7. 城市和城市群竞争力研究

汪云林等将城市竞争力与城市之间的多维联系网络相结合，运用社会网络分析（SNA）得出城市在网络中的竞争力，提出了网络竞争力的概念模型和分析框架，丰富了现有的城市竞争力理论。② 王晓鹏等在构建中国城市竞争力综合评价指标体系的基础上，基于该模型方法给出 31 个中国主要城市的城市竞争力的评价实例，并以判别分析方法对相关评价结果进行校验。结果表明，这是一种适合于城市竞争力定量评价、稳定性较好且切实有效的方法模型。③ 季斌认为，城市核心竞争力应包括三个层次，一是城市独具的能力及差异性，是城市独有的资源、知识和能力；二是资源整合和资源配置能力，是一种有效汲取资源的能力；三是带来城市价值最大化的能力即延展性，包括这个城市创造更强的经济实力、提供更高的生活水准、带来更多的就业机会和发展机遇的能力。城市具有不同的内部能力，包括：一是组织能力。静态讲是整合与协调，反映一个城市进行某种任务的能力；从动态讲是学习以及能力的开发；从转换的角度讲是重组资源。二是创新能力。包括技术创新能力和制度创新能力。其中，制度创新能力的提升能给技术创新带来更好的环境，对其具有促进作用，可谓

---

① 陈柳钦：《新的区域经济增长极：城市群》，《福建行政学院学报》，2008 年第 4 期，第 74—79 页。转引自中国人民大学复印报刊资料《城市经济、区域经济》，2008 年第 11 期，第 68 页。

② 汪云林、牛文元：《城市尺度的网络竞争力研究》，《城市发展研究》，2008 年第 2 期，第 99—103 页。转引自中国人民大学复印报刊资料《城市经济、区域经济》，2008 年第 9 期，第 46 页。

③ 王晓鹏、丁生喜、曹广超、李玲琴：《中国城市竞争力评价量化模型研究》，《数理统计与管理》，2008 年第 3 期，第 493—499 页。转引自中国人民大学复印报刊资料《城市经济、区域经济》，2008 年第 9 期，第 51 页。

重中之重。三是学习能力。其高低直接影响一个城市学习知识和经验的多寡，进而影响这个城市孕育创新能力的高低。这三个因素对竞争优势起着支撑作用，其中组织学习、组织能力是创新能力的源泉；创新能力又是关键资源创建的加速器；而关键资源则是竞争优势的直接来源，三种因素相互作用、产生影响，共同构成城市的核心竞争力。①

8. 对策

王忠平认为，我国正处于城市化高峰时期，为协调有序地实现城市化进程，必须处理好最终城镇化目标和最终城镇人口总量、实现最终城市化目标的时间跨度、城市人口密度与城市建设用地、城市规模和城市数量、城市布局的空间选择、调控政策和调控机制建设等问题。②

程开明认为，推进我国城市化应注意：一是在继续推进城市化的同时，须转变城市增长方式；二是贯彻落实国家区域协调战略，不断缩小区域差距；三是充分发挥大城市的优势，带动周边地区，实现城乡一体化发展。我国城市化将会呈现出明显的大城市优先增长态势，这就要求在加强大城市聚集优势的同时，充分发挥大城市的扩散效应，利用大城市的信息、科技、设施等优势带动中小城市及周边腹地的快速增长，实现大中小城市协调发展，缩小城乡差距，实现城乡统筹。③

---

① 季斌：《新形势下城市核心竞争力探析—基于城市竞争机制的视角》，《现代城市研究》，2008 年第 5 期，第 83　87 页。转引自中国人民大学复印报刊资料《城市经济、区域经济》，2008 年第 9 期，第 43 页。

② 王中平：《我国城市化进程中的宏观调控问题》，《城市发展研究》，2008 年第 2 期，第 33—37 页。转引自中国人民大学复印报刊资料《城市经济、区域经济》，2008 年第 9 期，第 30 页。

③ 程开明：《我国城市化阶段性演进特征及省际差异》，《改革》，2008 年第 3 期，第 79—85 页。转引自中国人民大学复印报刊资料《城市经济、区域经济》，2008 年第 7 期，第 49 页。

　　王丽洁等提出，小城镇规划一方面应向“地——人——地”规划、“反规划”、“二线吻合”的生态规划转变，另一方面应向“规模规划”、弹性规划、分期规划的动态规划转变的思想，进而提出生态规划与动态规划是小城镇规划的优化模式。①

　　王学锋提出，都市圈、城市群等城镇密集地区是国家经济社会发展的先导区，是目前国家有关部门和省级政府开展区域规划编制的重点地区。因此，应采取对策思路，搞好城镇密集地区的规划。②

　　罗海平提出应建立粤港澳自由贸易区，最大限度消除制度及行政区划的樊篱，力促三地人流、物流、资金流的自由往来。③ 周运源等提出，要加强粤港经济合作，一要变粤港高层联席会议为常设机制，加强粤港政府间的沟通与协调；二要加强粤港高新技术产业合作，提升产业链价值；三要拓宽双方合作领域，实现粤港全方位深层次合作。④

　　黄祖辉等认为，实现区域经济社会的共同进步，是向城乡一元化和一体化过程迈进的有效途径，而实现这一过程的根本措施

　　① 王丽洁、张玉坤：《小城镇规划的优化模式研究》，《天津大学学报》社科版，2008 年第 3 期，第 243—246 页。转引自中国人民大学复印报刊资料《城市经济、区域经济》，2008 年第 10 期，第 53 页。

　　② 王学锋：《城镇密集地区规划的重点命题和对策思路》，《城镇规划》，2008 年第 5 期，第 25—30 页。转引自中国人民大学复印报刊资料《城市经济、区域经济》，2008 年第 10 期，第 47 页。

　　③ 罗海平：《“粤港澳特别合作区”战略的理论基础与框架构想》，《海南金融》，2008 年第 7 期，第 17—20 页。转引自中国人民大学复印报刊资料《城市经济、区域经济》，2008 年第 11 期，第 24 页。

　　④ 周运源、李潇：《论新时期区域经济发展中的粤港经济合作问题》，《广东经济》，2008 年第 7 期，第 48—51 页。转引自中国人民大学复印报刊资料《城市经济、区域经济》，2008 年第 11 期，第 28—29 页。

是政策推动、城镇化带动、产业联动，促进区域的协同发展。①

（三）对中原城市群的研究

吴海峰等通过对中原城市群与武汉城市圈的比较研究认为，武汉城市圈虽然目前的经济实力总体上稍落后，但却有中原城市群难以企及的两大长线优势：区位条件更为优越、科教资源非常雄厚。中原城市群总体的发展还潜藏着许多问题：中心城市凝聚力不强、经济开放度过低、产业结构相对落后以及大量劳动力滞留于第一产业等，这些问题必须解决，否则中原城市群难以维持较快发展。②

张旭建认为，中原城市群产业集群的特点有：一是发展较为集中；二是行业分布广泛，整体呈良性发展；三是产业集群化趋势明显，带动了相关产品和产业的发展；四是对全省经济发展的贡献能力在逐步增强；五是产业集群具有一定程度的经济集聚度，形成了良好的产业集聚效应。中原城市群产业集群存在的问题：一是产业集群数量少，规模不大；二是产业集群内行业同构问题突出；三是缺乏产业升级和可持续发展的能力。要加强中原城市群产业集群建设，一要根据产业发展的特点和优势，科学制定产业集群发展规划；二要充分发挥政府职能，加大制度创新力度；三要加强区域创新系统建设；四要培育产业集聚的区域文化。③

---

① 黄祖辉、刘慧波、邵峰：《城乡区域协同发展的理论与实践》，《社会科学战线》，2008 年第 8 期，第 71—78 页。转引自中国人民大学复印报刊资料：《城市经济、区域经济》，2009 年第 1 期，第 68 页。

② 吴海峰、柏程豫：《中原城市群与武汉城市圈比较研究》，《学习与实践》，2006 年第 11 期，第 28—33 页。转引自中国人民大学复印报刊资料《城市经济、区域经济》，2007 年第 3 期，第 50 页。

③ 张旭建：《中原城市群产业集群发展研究》，《学习论坛》，2007 年第 1 期，第 57—61 页。转引自中国人民大学复印报刊资料《城市经济、区域经济》，2007 年第 5 期，第 59—61 页、第 63—64 页。

（四）国内外研究评价

1. 国外研究评价

国外城市群的研究起步较早，对城市群进行了多角度、多层面研究，取得的成果较多，对我国城市群的发展具有重要的借鉴意义，但其研究也有不足之处。一是方法论相对薄弱。在具体研究过程中，其方法论体系显得相对薄弱，尤其是缺乏现代技术的广泛支持。二是对城市群发育成型的发达地区研究较多，而对于欠发达地区的城市群发展问题关注太少。

2. 国内研究评价

随着中国城市化进程的加快，国内学者在借鉴国外研究成果、研究国外城市群发展历程、趋势的基础上，结合中国的实际，对国内城市群的发展进行了全方位研究，取得了一定成果。尤其是2008年《国务院关于进一步推进长江三角洲地区改革开放和经济社会发展的指导意见》的批准实施，及2008年12月国家关于《珠江三角洲地区改革发展规划纲要（2008—2020)》的批准实施，极大地促进了城市群的发展和有关研究。

但是，国内对城市群的研究也存在明显不足。一是城市群研究主要集中在地理学者和城市规划学者当中，从经济学、哲学、社会学、生态学、文化等角度出发来研究的成果相对较少，尤其是多学科综合研究更显不足。二是国内研究以介绍和引用国外成熟理论为主，创新性研究不足；三是定性研究较多，定量研究不够；四是一般研究较多，结合各城市群实际高质量的成果较少。

四　本课题研究的目标和主要内容

（一）研究目标

第一，为中原城市群的全面、协调、可持续发展提供决策依据；

第二，找出中原城市群的战略突破点，并论证其可行性和实施步骤；

第三，对中原城市群发展的机制、路径、带动作用进行研究，促使中原城市群尽快发展、壮大；

第四，立足全国，放眼世界，跟踪世界城市群发展趋势，吸取其有益经验，促进中原城市群的发展。

（二）主要内容

全书共分十一章，主要包括：

第一章是绪论。阐明本课题研究的概念、背景和意义，阐述本书的研究目标与内容、思路与方法，指出本书的创新之处。

第二章是基础理论分析。从城市群的地域空间结构理论、战略组织理论以及城市功能定位理论等对中原城市群发展的基础理论进行介绍，打下理论基础。

第三章是中原城市群中心城市带动，分析了以郑州为中心，包括郑州、开封、洛阳、新乡、焦作、许昌为核心区的中原城市群发展及整合思路；提出了中原城市群各城市的功能定位、发展战略的突破点、中心城市带动等，并对中心城市带动的发展思路进行了论述。

第四章是中原城市群发展模式，分析了产业结构及市场竞争，提出了中原城市群的发展模式。

第五章是中原城市群创新体系建设，分析了中原城市群创新体系的现状、设计及对策。

第六章是中原城市群城乡一体化发展，结合中原城市群的发展实际，提出了中原城市群一体化发展的对策。

第七章是以建立立体交通体系，提出在中原城市群的发展过程中要实施交通导向战略，积极建立立体交通体系；同时要重点建设双圈层绿色轨道交通体系。

第八章是中原城市群文化建设，提出中原城市群城市文化是灵魂，是一个城市品位的体现。

第九章是中原城市群生态环境建设，对中原城市群生态环境进行了分析，提出了文明建设的思路。

第十章是国外城市群发展经验及启示，介绍了国外城市群的基本情况、发展特点及经验，并指出了对中原城市群发展的启示。

第十一章是总结与展望。对全书进行了概括性总结，指出了本研究的前景和不足，并对进一步研究进行了展望。

五　本课题的研究方法

（一）调查研究法

对于研究资料的收集，一是到有关部门收集统计资料、文字资料、图表资料以及典型材料等；二是结合规划实践，深入现场，进行调查研究，获取第一手资料；三是利用互联网进行网上资料查询（如铁路运行里程、公路通车里程）。

（二）定性分析和定量研究相结合

对中原城市群发展水平、经济总量等综合指标，采用定量分析方法，定量研究可以提高研究过程的科学性和成果的可信度。但是，仅靠定量方法不可能解决所有问题，所以采用定量分析和定性研究相结合的方法。

（三）比较分析和综合研究相结合

通过比较不同城市群发展模式的特征、实现条件、可行性以及合理性等，提出有利于中原城市群快速崛起的目标与思路，并对其实施路径和保障措施提出建议。

（四）静态分析和动态研究相结合

对中原城市群发展现状、历史等方面，既进行静态解剖，也从动态角度来考察其发展演变的全过程。只有这样，才能了解其来龙去脉，并预见其未来趋势。

六　本课题研究的主要观点与思路

（一）主要观点

（1）根据中原城市群的形成与发展规律实施人为调控，有意识地培育出城市群，以带动区域经济的发展。

（2）对中原城市群来讲，核心区的发展壮大、郑汴一体化区域率先基本实现工业化、立体交通体系的建立，是战略突破点。

（3）科技创新是城市群形成演化的原动力，也是区域形成城市密集区或者城市群的前提条件。因此，城市群的发展必须结合城市的特色，确定优先开发地区，实施空间差异化战略。

（4）应实施交通导向战略。要建立中原城市群立体交通体系，尤其是要重点建设双圈层城市轨道交通体系。

（5）大力发展中原城市群城市文化，提高城市的品位。河南要由文化资源大省转变为文化强省，大力发展文化产业。

（6）大力推进城乡一体化建设；要推进生态环境建设；要从国外城市群的发展中汲取有益的经验。

归纳本课题的主要观点，其研究框架如下：

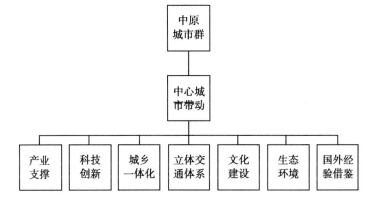

上图说明：

第一，中原城市群的发展，要充分发挥中心城市的辐射带动作用，这个中心城市即为郑州市，副中心城市为洛阳市；

第二，产业是中原城市群发展的支撑，要搞好产业集群发展，为城市规模的扩展奠定坚实的基础；

第三，科技创新是中原城市群发展的强大动力，要推动经济、文化、社会与科技的紧密结合，使中原城市群的发展获得持续动力；

第四，城乡一体化是中原城市群发展的必然趋势，要尽快改变城乡二元结构的状况，使城乡相互促进、协调推进；

第五，建立立体交通体系是中原城市群发展的重要战略突破点，要以交通为导向，建立以轨道交通为骨干、常规公交为主体、多种交通方式协调发展的绿色城市交通体系；

第六，城市文化是灵魂，在中原城市群的发展过程中，应形成个性鲜明、特色突出的城市文化；

第七，生态环境是中原城市群发展的保障，应做到城市发展与人口、资源、环境相协调，人的发展与自然山水、文化魅力、情感归属相统一；

第八，中原城市群的发展，要借鉴国外的经验，使规划合理、发展协调、成效明显，达到预期的目的。

（二）研究思路

本课题对中原城市群发展战略问题进行深入研究，并提出对策。其研究思路可以概括为：

（1）在对中原城市群发展与城市群规划进行调查分析、收集相关资料的前提下，对其发展战略进行分析。

（2）对中原城市群的中心城市带动、产业发展模式、创新体系建设、城乡一体化发展、立体交通体系、文化建设、生态环境建设进行研究，揭示中原城市群崛起的必然性。

（3）在对城市化与城市群发展特征、动力和历史分析的基础上，参考国内外相关文献并依据中部崛起的大背景，提出中原城市群的发展目标、思路、路径和保障措施等。

七　本课题的主要创新之处

第一，提出中原城市群发展的三个重要战略突破点是：郑汴一体化区域率先基本实现工业化、核心区的率先发展、立体交通体系的建立，以此带动中原城市群的迅速崛起；

第二，提出建立双圈层轨道交通体系，即内圈层：围绕郑州市，建设环城城市轻轨；外圈层：建设除郑州、许昌以外的，联通 7 个城市形成环状的城市轻轨。内圈层主要解决郑州市交通拥堵问题，外圈层解决中原城市群 7 个市的互通问题。再加上郑州市构建的"十"字型地铁线、郑州至 5 市（开封、洛阳、新乡、焦作、许昌）的城市轻轨并使之合理延展，将形成中原城市群快捷、高效、舒适的城市轨道交通体系；

第三，在中原城市群四个产业带规划的基础上，根据建设外圈层城市轻轨的设想，提出规划建设"漯开新"产业带，发挥中原城市群承东启西、辐射带动的作用。

发挥比较优势　　提升整体实力

计　光　王效云

历经多年发展，中原城市群已成为河南省经济实力最为集中的地区，并且正在成为中西部地区最具发展活力的经济隆起带之一。

2008 年，在中部 6 省打造的主要经济圈中，中原城市群以

10412 亿元的经济总量位居第一。机械、纺织、食品、化工、能源、煤炭、电力和原材料工业为主的优势传统产业和综合发展的多门类工业体系，为中原城市群提供了强大的支撑。

中原城市群具有较强的基础优势。一是区位优势。其中心城市郑州是陇海铁路和京广铁路干线的交汇点，素有"中国铁路的心脏"之称。二是自然资源优势。这里是河南矿产资源的富集区，煤炭、铁矿石、铝土矿、钼矿等储量居全省前列，目前已发现的矿种占全省总数的 62%，农产品资源也比较丰富。三是交通优势。区域内外交通便利，铁路、高速公路均呈网络状，北有新菏铁路、西有焦枝铁路、南有漯平铁路，京珠、连霍高速公路穿境而过，且有 10 多条高速公路在建或待建。同时，郑汴一体化、郑东新区建设等使得城市群间的交通也极为便利。四是文化优势。中原城市群文化底蕴极为厚重。

近年来，中原城市群充分用好中央政策，同时结合自身的比较优势和禀赋优势，有效提升了区域竞争力。一是以国家实施"中部崛起"战略为契机，紧紧抓住难得机遇，大力促进区域建设和产业发展。二是结合地区比较优势进行产业选择。如中原城市群内各地旅游资源丰富，通过发展适应多种客户群的旅游产品，有效推动了地区经济的发展。三是在具体的产业发展模式上，采取产业集群发展。区域内产业通过聚集发展来取得群体优势，在通过扩散效应带动上下游产业发展的同时，也带动了农牧业、商贸流通、物流配送等服务业的发展。四是改善基础设施环境，构建现代化交通体系。天然的区位交通优势加上区域内交通设施的不断完善，为中心城市的规模扩张和商贸流通增添了双翼。

当然，现阶段中原城市群仍然存在中心城市辐射带动能力不强、产业竞争力较弱、区域发展不协调等瓶颈制约。下一步要突出重点，加快建设郑州都市圈，使其成为我国区域性中心城市和中原城市群的核心。应通过构建现代产业体系来进一步提高产业竞争力。要努力构建以产业集聚区为载体，现代农业、工业主导产业、高新技术产业、现代服务业、基础设施和基础产业相互支撑、互动发展的现代产业体系。要加快构建现代城镇体系，同时促进城乡区域协调发展。河南省"十一五"规划已制定了"一极两圈三层"的发展规划，加快了城市之间基础设施一体化建设的步伐。同时，应大力实施中心城市带动战略，努力形成城乡经济社会统筹发展的新格局。要在大力发展区域经济的同时，防止过度"产业化"。还应努力构建公共文化体系，发挥中原城市群的文化优势。

资料来源：《经济日报》2009 年 6 月 11 日

第二章　城市群理论分析

城市群是城市化发展到高级阶段的现象，是区域城市化与城市区域化的主要表现。城市群的形成是经济和城市自然演化的必然结果，其发展深刻影响着区域竞争力及国家的国际竞争力。在经济全球化与区域经济一体化的大背景下，重视和加强城市群的研究与发展尤为必要。

一　关于城市群的主要理论

（一）增长极理论

增长极理论是由法国经济学家佩鲁于1955年首先提出来的。佩鲁认为，经济增长在区域内是一个不平衡的、连续的动态过程。所谓增长极，一般指某些具有现代大工业特征的领头产业以及在地理上集中的产业极，其增长速度高于工业产值和国民经济产值的平均增长速度。佩鲁从三个方面分析了增长极对区域经济增长产生的重要作用：一是技术创新与示范效应。二是资本的集中和输出。三是聚集经济。增长极的发展，形成人力资源、固定资本和货币资本积累和聚集的中心。一个中心也会导致其他中心的出现，这些中心之间借助物质和智力交往而相互联系，进而会使增长极所在地的整个经济状况改观。

布代维尔继承和发展了佩鲁的增长极理论，他认为增长极有两个明确的内涵：一是作为经济空间上的某种推动型产业；二是作为地理空间上的产生集聚的城镇，即增长中心。推动型产业一旦配置在区域内具有优越条件的某一节点，这一节点将作为增长极，吸引着周围其他经济活动向其集中，并产生聚集经济，布代维尔称之为极化效应。推动型产业通过这两种效应推动其上游产业和下游产业的建立和发展，使得人力、资本、技术等要素以推动型产业为中心聚集，使该区域随着产业的扩张变得更有吸引力，形成极化区域的累积增长。① 缪尔达尔认为，政府应采取积极的干预政策，促进具有累积优势地区的发展，使这些地区逐步成为增长极，逐渐向落后地区扩散，最后使整个国家的经济趋于平衡发展。赫希曼认为，经济进步不会在所有地方同时出现，而且它一旦出现，强有力的因素必然使经济增长集中于起始点附近区域；要提高其国民收入水平，必须首先发展其内部一个或几个地区中心的经济力量；在发展过程中，需要这些"增长点"或"发展极"的出现，说明了国际与区域间增长的不平衡性，是增长本身不可避免的伴随情况和条件。② 作为发展中国家应该精心选择和优先发展国民经济产业结构中联系效应最大的产业，通过这些产业的发展诱导其他产业或部门的迅速发展。这样就可以较好地解决发展中国家资金相对短缺的问题，有利于提高资源配置效率。

增长极理论主张优先发展具有优势的地区和产业，把它们培育成增长极，通过增长极的扩散效应带动周边地区和产业的发展，最终实现整个区域的经济增长。这个理论为我们研究城市群内的中心城市奠定了理论基础。

（二）中心地理论

中心地理论也称为中心地方论，是由德国的地理学家克里斯塔勒（W. Christaller）提出的。克里斯塔勒认为，经济活动是城市

---

① 郭震洪、李云娥：《从增长极理论探讨中心经济城市在区域经济中的作用》，《山东社会科学》，2006 年第 8 期。

② 赫希曼：《经济发展战略》，经济科学出版社 1991 年版。

形成、发展的主要因素；它不仅注意每个具体城市的位置、形成条件，而且对一个区域的城市总体数量、区位、发展和空间结构更加关注，即它的目标是通过寻找基本的和起主导作用的因素建立起解释区域城镇空间结构的理论模式。中心地理论认为，中心性可以理解为中心地发挥中心职能的程度；中心地的等级表现为每个高级中心地都附属有几个中级中心地和更多的低级中心地。随着中心地等级的提高，中心地数量也越来越少，服务半径却逐渐增大，提供的商品和服务种类也随之增加；而决定各级中心地商品和服务提供范围大小的重要因素是经济距离。

中心地理论是城市群研究的基本理论。中心地理论中的中心地等级理论同样也适合于城市群，即在城市群的发育过程中，城市群内部的不同地域单元之间形成了一定的等级体系。在进行的城市群研究中，可以依据一定的原则和指标体系将城市群内部存在的等级体系进行合理的划分，明晰城市群内部不同地域单元之间的等级关系，从而有利于城市群培育。

（三）点—轴渐进扩散理论

在城市群的规划中，采用据点与轴线相结合的模式，最初是由波兰的萨伦巴和马利士提出来的。波兰在20世纪70年代初期开展的国家级规划中，曾把点—轴开发模式作为区域发展的主要模式之一。

我国学者陆大道院士在长期研究工业区位因素和工业交通布局规律的基础上，根据区位论及"空间结构"理论的基本原理，提出了"点—轴系统"理论模型和我国国土开发和经济布局的"T"字形战略，即我国国土开发和经济布局的战略重点应该置于沿海地带和沿（长）江地带的战略。在其专著《区域发展及其空间结构》及若干论文中，阐述了"点—轴"空间结构的形成过程、"发展轴"的结构与类型、"点—轴渐进式扩散"、"点—轴—聚集区"等；分析了不同经济社会发展阶段空间结构的基本特征和空间可达性、位置级差地租对区域发展的影响，使这一理论基本上形成了一个体系。后来，点—轴开发成了"全国国土规划纲要"空间发展战略的主体思想。

点—轴系统是区域发展的最佳空间结构。要使区域最佳发展，必然要求以点—轴系统模式对经济社会客体进行组织。点—轴渐进开发可以充分发挥各级中心城市的作用，实现生产布局与线状基础设施之间最佳的空间结合，有利于城市之间、区域之间、城乡之间便捷的联系，客观上有利于实现地区间、城市间的专业化与协作，形成有机的地域经济网络。由此可见，城市群重点发展轴线的确定，可以使区内各地区、各部门有明确统一的地域开发方向，有利于提高基本建设的投资效果和组织管理水平。

（四）核心边缘理论

核心边缘理论是美国区域规划专家弗里德曼（J. R. Friedmann）提出的。弗里德曼认为，任何一个国家都是由核心区域和边缘区域组成。核心区域由一个城市或城市集群及其周围地区所组成。边缘的界限由核心与外围的关系来确定，核心区域指城市集聚区，工业发达，技术水平较高，资本集中，人口密集，经济增长速度快，包括：一是国内都会区；二是区域的中心城市；三是亚区的中心；四是地方服务中心。边缘区域是那些相对于核心区域来说经济较为落后的区域。

根据核心边缘理论，在区域经济增长过程中，核心与边缘之间存在着不平等的发展关系。总体上，核心居于统治地位，边缘在发展上依赖于核心。由十核心与边缘之间的贸易不平等，经济权力因素集中在核心区，技术进步、高效的生产活动以及生产的创新等也都集中在核心区。核心区依赖这些优势从边缘区获取剩余价值，使边缘区的资金、人口和劳动力向核心区流动的趋势得以强化，构成核心与边缘区的不平等发展格局。

（五）圈层结构理论

20 世纪 50 年代以来，狄更生和木内信藏对欧洲和日本的大城市进行研究后，提出了近似的城市地域分异三地带学说，认为大城市圈层是由中心地域、城市的周边地域和市郊外缘的广阔腹地三大部分组成，它们从市中心向外有序排列。中心地域是城市活动的核心；周边地域是与市中心有着上班、电话、购物等密切联系的日常生活圈；市郊外缘是城市中心和周边地缘向外延伸的广大地区或远郊区。

圈层结构理论认为，城市与区域是相互依存、互补互利的一个有机整体。在这个有机的整体中城市起着经济中心的作用，对区域有吸引功能和辐射功能，但城市对区域各个地方的吸引和辐射的强度是不相等的，如不考虑自然因素的障碍，其最主要的制约因素是离城市的距离。城市对区域的作用受空间相互作用的"距离衰减律"所制约，这样就必然导致区域形成以建成区为核心的集聚和扩散的圈层状的空间分布结构。

城市与外围区呈圈层状的空间结构和沿点—轴线在空间不平衡发展。边缘区向建成区的转化实际就是乡村向城市的转向。这种转化过程在空间上反映出一定的层次性，但并非是几何图形上的同心圆式。所以城市边缘区域圈层划分的依据应该是城市及其腹地生产力水平、经济结构、社会生活方式、人口就业构成、与核心建成区的距离、农业活动与非农业活动的地域差异的大小等。

圈层结构的基本特征包括：第一，各个城镇都有各自的圈层状态；第二，每个城镇都有较明显的直接腹地，故各个城市对周围圈层的影响范围都是有限的；第三，圈层的大小与城市规模、城市对外交通的便利程度、城市对外辐射强度成正比；第四，在城市密集区，圈层会产生交错叠置现象；第五，因为城市客观存在着等级系统，故各个以城市为核心的圈层也有相应的等级层次系统。

圈层结构理论与点—轴渐进扩散理论、核心边缘理论具有有机联系，已被广泛应用于不同类型、不同性质、不同层次的城市群空间规划当中。不少国家的城市规划师均试图用圈层扩展理论指导卫星城镇的规划建设，以解决特大城市过分拥挤的种种弊端。

（六）不平衡发展战略及协调—倾斜发展战略

不平衡发展战略认为，平衡是有条件的、相对的和暂时的状态。地区之间城市群发展不平衡是客观的、绝对的、永恒的。因此，每一个国家都会有一些地区的城市群比别的地区更成熟、发展更快。企图对全国城市群的形成各地都同等对待，或者对全国各地都投入等量的资本，以此来编制城市群规划是不合理、不经济的。城市群发展不平衡的主要原因是：第一，城市群发育条件的地区差异。自然条件和自然资源的地区差异是造成城市群发育不平衡的原始基因。第二，不同区域具有不同的城市群发育潜力。在同样的政策，同样的投入条件下，由于城市群发育潜力的大小不同，地区城市群也产生差异，形成发展不平衡的状况。第三，规模经济和集聚经济的促进作用。城市群发育水平越高，越有可能从规模经济和集聚经济中获益，使其在地区竞争中处于更为有利的地位。从世界产业分布的趋势来看，技术密集型的产业、高科技产业、规模大的现代企业有日益向城市群发育的地区集中的趋势，在这一地区有可能在那里形成高度发达的都市连绵区。

协调—倾斜发展战略是在吸收平衡与不平衡发展战略的优点而摒弃其缺点的基础上形成的。该战略既强调区域各产业和各地区协调发展，又重视重点产业和重点地区对区域经济发展的支持与带动作用。因此，进行城市群培育，一方面要通过调整产业之间、地区之间的相互关系，使它们处于协调发展状态；另一方面，要选择少数重点产业和地区加大投入，通过政策倾斜，加快其城市群发展，形成增长核心。当前，协调—倾斜战略已成为在尊重自然历史等条件差别所形成的地域分异的前提下，充分发挥市场的资源配置作用，对城市群发育进行合理引导的有效工具。

（七）城市功能理论

要研究城市的发展，必须明确城市的功能定位。对于城市功能的定位，不同的学科站在不同的角度有不同的切入点。以下介绍三种和城市群发展战略相关的城市功能理论。

城市经济学。从经济学的角度看，城市的产生和发展主要功能在于拥有规模经济效益。英国学者K.巴顿将城市的集聚经济效益划分为十大类，提出了相应的城市促进功能，即：第一，增加本地市场的潜在规模；第二，大规模的本地市场能减少实际生产费用；第三，在提供公共服务事业时，可降低"输入"本地区原料及部件的费用；第四，当工业在地理上集中时有助于促进辅助性工业的建立，以满足进口需要；第五，日趋积累起来的一种职业安置制度；第六，有才能的经营家与企业家在城市中得以集聚；第七，在大城市中，金融与商业机构条件更为优越；第八，城市的集中能经常提供范围更广泛的设施，如娱乐、社交、教育等；第九，工商业者更乐于集中在城市，可以更为有效地进行经营管理；第十，处于地理上的集中地位，能给予企业很大的刺激去进行改革。

城市社会学。此种理论将人类社区看作是一个整体，城市社区的各种制度、规范以及习俗相互配合，以维持城市生活的协调进行。基于功能主义分析认为：第一，城市是人类的重要生活环境；第二，城市是现代人类文化、文明创造和传播的中心；第三，城市是各种具体制度产生的策源地；第四，城市是一个国家和地区兴衰的标志；第五，城市代表了一种新的生活方式。

城市管理学。从城市管理学的角度分析，城市功能主要体现在：第一，承载体功能，即城市是自然物质和人工物质的承载体，其基本功能是为社会、社区的存在和发展服务；第二，依托体功能，即各类社会经济实体以及其错综复杂的社会流动均以城市为依托；第三，中心主导功能，即城市是一定地区社会各方面发展的中心和主导；第四，分类功能，即不同类型、不同规模以及特殊性质（如首都）的城市其功能是各不相同的，但城市功能具有综合性，即城市规模越大，所起的功能效用也越大。[①]

二 城市群的特性及类型

城市群的特性包括：

第一，城市体系的完整性。城市群是一个巨大的城市群体，不仅拥有一个或数个大的中心城市，而且还有大量的中小城市，是一个包括大、中、小城市和市镇的城市群体。尽管城市群大小不一，但其内部可明显地分为不同的层级，大、中、小城市协调发展，从而形成不同的、完整的城市等级体系。

第二，内部结构的中心性。城市群以一个或几个大中城市为核心，从而形成核心区域，这些城市成为城市群经济活动的集聚中心和扩散源，对整个区域的社会经济发展起着组织和主导作用。中心城市可能是一个，也可能是多个，因而城市群可以是单中心型，也可以是多中心型。城市群的中心性不仅指中心城市在城市群处于经济活动的核心，而且也意味着中心城市在整个城市群地域范围内的经济社会活动中处于核心和支配地位。

第三，形成发展的动态性。城市群的形成发展过程具有动态变化的特征。城市群体内各类不同性质的城市，其规模、结构、形态和空间布局总处于不断变化的过程中，经过发展演进，中心城市可能退到次中心或一般城市位置，非中心城市、一般城市可能形成演进为中心城市。

第四，中心城市的主导性。通过发展，小城市群可演进为大

---

① 李芸：《差异化城市功能的定位与战略设计》，《江苏社会科学》，2000年第5期，第106—110页。

城市群、地方城市群可演进为国家城市群乃至国际城市群。当然，这种不断变化的过程最为重要的还是中心城市的发展变化，因为中心城市的变化影响着区域内城市群的每一个城市。总的说来，当中心城市呈稳定上升的发展趋势时，整个城市群的发展也呈现上升的发展趋势；反之，则呈现衰落下降的趋势。

第五，城市群发展的战略突破性。在城市群的发展过程中，必然存在战略突破点，这一战略突破点或是核心区域，或是交通带动，或是某一产业。战略突破点的实现，会极大促进城市群的发展，促使城市群实现质的变化。

按照不同的划分标准，城市群可以划分为不同的类型：

如果按照规模等级，城市群可以划分为特（超）大城市群、大型城市群、中型城市群和小型城市群。

特（超）大型城市群：地域广阔、人口众多、城市化水平高、群体内城市数量多。一般而言，特（超）大型城市群地域面积在10万平方公里以上；区域内总人口5000万以上，其中城市人口在2000万以上；群体内有城市40座以上，并且城市等级结构完整（见表2－1）。如我国的长江三角洲城市群。

表2－1　　　　　　　　按照规模等级划分的城市群

类型	面积（万平方公里）	总人口（万人）	城市人口（万人）	城市数量（座）	城市等级结构
特大型	≥10	>5000	>2000	≥40	完整
大型	5—10	3000—5000	1000—2000	20—40	完整
中型	3—5	1000—3000	500—1000	10—20	较完整
小型	1—3	500—1000	15—500	5—10	不完整

转引自代合治《中国城市群界定及其分布研究》，载《地域研究与开发》1998年第6期。

大型城市群：地域面积、人口规模、城市数量及经济实力等比超大型城市群小，地域面积在5万—10万平方公里；人口数量在 3000 万—5000 万左右，其中城市人口 1000 万—2000 万；群体内有城市 20—40 座，并且城市等级结构完整。如我国的珠江三角洲城市群、京津冀城市群、成渝城市群等。

中型城市群：地域面积 3 万—5 万平方公里；区域内总人口 1000 万—3000 万，其中城市人口 500 万—1000 万；群体内有城市 10—20 座，城市等级结构比较完整。如我国的武汉城市群、长株潭城市群、关中城市群等。

小型城市群：地域面积 1 万—3 万平方公里；区域内总人口 500 万—1000 万，其中城市人口 15 万—500 万；群体内有城市 5—10 座，城市等级结构不完整。如厦门—漳州—泉州地区的城市群。

三　关于城市群发展的思考

（一）城市群发展应遵循的原则

城市群的发展有其内在的规律性，是区域政治、经济、文化活动的空间组织形式，必须实现各种生产要素在区域内和区域间的合理流动和优化配置。因此，在城市群的发展过程中，应遵循以下原则：

第一，规划先行。此处的规划指城乡规划，包括城镇体系规划、城市规划、镇规划、乡规划和村庄规划。为加强规划管理，协调城乡空间布局，改善人居环境，促进经济社会全面协调可持续发展，必须按照《中华人民共和国城乡规划法》的要求，制定城市群发展总体规划。城市群发展的总体规划要考虑以下要点：一是城市规划的编制必须与国民经济和社会发展规划、土地利用整体规划、环境保护规划相衔接；二是要将城市的发展融入区域，力求功能互补；三是要注意产业发展，找到自己的优势产业；四是要合理布局空间，使各种产业、生产要素配置最优；五是要改善人居环境，保护历史文化遗产。

第二，以人为本。即创造适宜人的工作、学习、生活、发展的环境，提高人的生活质量、幸福指数，充分发掘人的发展潜能，尽可能实现人的全面发展。

第三，全面协调可持续发展。城市群的发展，要实现经济社会发展与人口、资源、环境相协调，统筹好城乡发展、人与自然的和谐发展。

第四，数字城市。即将城市管理与信息技术相结合，用数字化的手段来处理、分析和管理整个城市，提升城市的管理水平，打造发达的现代城市。

第五，功能协调，分期建设。城市布局要保障城市功能的整体协调、安全、运转高效；要重点安排好近期、中期、长期建设和发展，集中人力、物力、财力，分期建设，滚动发展，形成良性循环。

（二）城市群发展的主要内容

城市群的发展，主要应考虑以下几个方面的内容：

第一，产业集群是支撑。产业集群必须是产业的聚集，在聚集效益大于聚集成本时城市表现为聚集，在聚集成本大于聚集效益时城市表现为空间发展，在一个更大的城市规模上找到一个新的均衡点，但经济的发展始终会打破固有的均衡，于是城市规模的发展就成为一种趋势。[①] 产业是城市群发展的强大基础。要按照"竞争性、成长性、关联性"的原则选好主导产业，同时要搞好产业集群发展，以此催生出劳动力集聚、人才集聚、服务集聚和消费集聚的共生效应。

第二，科技创新是动力。要有效整合社会科技资源，推动经

---

① 孟祥林：《聚集均衡变动与城市空间扩展的经济学分析》，《广州大学学报》社科版，2007年第2期，第44—49页。转引自中国人民大学复印报刊资料《城市经济、区域经济》，2007年第6期，第8页。

济、文化、社会与科技的紧密结合，实现产业创新，为城市群的发展注入强大动力。在城市群的发展过程中，要充分运用信息技术，打造数字城市，体现城市管理的高水平。

第三，立体交通为突破。应大力发展公共交通，使铁路、公路、轻轨、地铁、航空、水运等多种交通方式协调发展，形成以轨道交通为骨干、常规公交为主体、多种交通方式协调发展的绿色城市交通体系。

第四，适宜人居是根本。城市的发展，不单单是为发展而发展，而是为了创造一个适宜人居的环境，提高人的生活质量，促进人的全面发展。

第五，城市文化是内涵。一个城市，底蕴是否深厚，就要看它的历史遗存是否丰富；同时，还要根据城市的发展，提炼出城市新的文化内涵，形成个性鲜明、特色突出的城市文化。

第六，城乡一体促发展。要充分发挥城市的辐射带动作用，做到城乡同步规划、功能互补、配置最优、协调发展。

第七，生态环境是保障。要做到城市发展与人口、资源、环境相协调，人的发展与自然山水、文化魅力、情感归属相统一。

国家首次提出促进中部崛起

国务院总理温家宝 2004 年 3 月 5 日，在十届全国人大二次会议上作政府工作报告时指出，促进区域协调发展，是我国现代化建设中的一个重大战略问题。要坚持推进西部大开发，振兴东北地区等老工业基地，促进中部地区崛起，鼓励东部地区加快发展，形成东中西互动、优势互补、相互促进、共同发展的新格局。这是国家首次明确提出促进中部地区崛起。

温家宝指出，加快中部地区发展是区域协调发展的重要方面。

国家支持中部地区发挥区位优势和经济优势，加快改革开放和发展步伐，加强现代农业和重要商品粮基地建设，加强基础设施建设，发展有竞争力的制造业和高新技术产业，提高工业化和城镇化水平。

国家促进中部地区崛起，对河南这样一个地处中原的中部省份来说无疑是新的发展机遇。河南当时正在全力推进的"实现中原崛起"目标，与国家"促进中部崛起"的目标是一致的。河南必须抓住这一机遇，进一步加快发展步伐，奋力实现中原崛起，造福近一亿河南人民，对全国区域经济协调发展作出重要贡献。

2004 年 12 月 3 日，中共中央、国务院召开的中央经济工作会议再次提出，要促进中部地区崛起，鼓励东部地区率先发展，实现相互促进、共同发展。

至此，一个中部六省区域板块发展宏伟蓝图拟就，中部崛起轰轰烈烈展开。

2006 年 4 月 13 日，国务院批准设立国家促进中部地区崛起工作办公室，负责研究中部地区发展战略、规划，协调和落实促进中部崛起的有关工作。

2006 年 4 月 15 日，中共中央、国务院发出《关于促进中部地区崛起的若干意见》，出台了 36 条政策措施，提出要把中部地区建设成全国重要的粮食生产基地、能源原材料基地等，使中部地区在发挥承东启西和产业发展优势中崛起。

资料来源：《河南日报》2008 年 12 月 13 日

第三章　中原城市群中心城市带动

　　郑州市是中原城市群各城市的中心城市。中心城市是城市群中居于经济社会中心地位的城市，集经济发达、功能完善、集聚吸引、辐射带动于一体。中心城市对于城市群的形成和发展具有重要的作用，是城市群的增长极、辐射源、集散地。

一　中心城市在城市群中的主要作用

　　根据诺瑟姆的城市化进程 S 型曲线理论，当一国的城市化水平达到 20%—30% 以后，将会出现城市化进程加快的趋势，这种趋势一直要到城市人口比重超过 70% 以后才能减缓。[①] 事实上，我国从整体上已进入城市化的中期加速阶段，此时将出现"大城市优先增长规律"。因此，在一个城市群的发展过程中，必然会出现一个或两个中心城市，这是城市群发展的必然规律。

　　高汝熹等在对都市圈（在此与城市群概念相同）研究的基础上，概括了都市圈的特征和功能，包括：第一，有一个中心城市；第二，圈内的城市结构完整，即形成合理的城市体系；第三，各城市间联系密切，尤其是中心城市对外围城市间的集聚与扩散作

---

① 原新、唐晓平：《都市圈化：一种新型的中国城市化战略》，《中国人口·资源与环境》，2006 年第 4 期，第 7—12 页。

用明显。①

中心城市的规模和发展水平决定了城市群范围的大小。中心城市是城市群内的首位增长城市，是城市群经济增长的核心或发展极，其主要作用包括：

第一，凝聚作用。中心城市是各种生产要素的集中地，这一特征决定其具有产生现代市场经济所要求的高效率、高效益的内生机制，这也是中心城市具有凝聚作用的根本所在。在城市群的发展过程中，大城市特别是中心城市，往往体现出优先增长的特征，并成为带动整个区域发展的核心增长极。

第二，辐射作用。辐射作用是指以城市为经济发展的基点，通过其较强的经济、文化、科技、人才等资源优势，带动周边城市经济、文化、科技、教育的发展。在市场经济条件下，中心城市的市场是一个覆盖很大的地区资源配置中心，拥有高效的资本、土地、技术、劳动力等生产要素市场，还拥有与这些城市相关联的交通、仓储、金融、教育、科技、信息和其他服务业等资源。在城市群的发展过程中，中心城市通过技术转让、产业转换、资本输出、信息传播等多种方式，可带动周边中、小城市和地区迅速发展，从而形成围绕中心城市的城市群。"中心城市的规模和能量决定了它辐射的远近，因而也就决定了都市圈范围的大小；中心城市的性质甚至在很大程度上决定了都市圈的性质。"② 因此，中心城市的辐射作用不仅给自身带来了生机和活力，而且还促进了城市群的迅猛发展，加速了城市化进程。

第三，示范作用。中心城市作为城市群区域经济、文化、社会的中心，它还在区域经济发展中肩负着示范带头作用，成为城

---

① 高汝熹、罗守贵：《论都市圈的整体性，成长动力及中国都市圈的发展态势》，《广东社会科学》，2006 年第 5 期，第 189—195 页。

② 同上。

市群其他城市发展的标杆和榜样。

第四，带动作用。中原城市群是河南经济最发达的地区，在河南省内的地位非常重要，在全国的影响也越来越大。而中原城市群中的每个城市，如果能够很好地发挥辐射力作用，以点带面，在更大范围内整合利用资源，提高区域竞争力，必将带动中原城市群的发展，使中原城市群成为河南的经济增长极，从而带动河南经济的发展，促进中部崛起。

二 国内主要城市群情况介绍

此处主要介绍长江三角洲、珠江三角洲、京津冀城市群和中部六大城市群。

（一）长江三角洲

张颢瀚等认为："长江三角洲是我国城市分布最密集、经济规模最大、交通最便捷、综合实力最强的地区之一，被称为世界六大城市群。"[①]

长江三角洲地处我国东部沿海地区的中部，长江的入海口。按照国务院2008年关于进一步发展长三角的指导意见，正式确定将长三角扩大到两省一市，即江苏、浙江全省、上海市。面积约为99600平方公里，人口约7500万。长江三角洲经济区包括上海、南京、苏州、扬州、镇江、泰州、无锡、常州、南通、杭州、宁波、湖州、嘉兴、舟山、绍兴、台州16个城市。2008年，上海市国内生产总值13698亿元，居全国各城市之首。[②] 在中心城市的强大辐射力和带动力作用下，苏、浙两省的所有城市

---

① 张颢瀚、孟静：《交通条件引导下的长江三角洲城市空间格局演化》，《江海学刊》，2007年第1期，第75—79页。转引自中国人民大学复印报刊资料《城市经济、区域经济》，2007年第3期，第37页。

② 上海统计网：http：//www. stats - sh. gov. cn/2008shtj/index. asp。

接轨上海，实现共赢，推进"长三角"经济一体化，谋求新发展。苏州、杭州、无锡、宁波、南京五城市以路桥交通网络的规划和建设为契机，打造一个"3 小时经济圈"。这里是我国目前经济发展速度最快、经济总量规模最大、最具有发展潜力的经济板块。2008 年的 GDP 为 53952.91 亿人民币，合 7877.1249 亿美元。[①]

长江三角洲是长江中下游平原的一部分。属北亚热带季风气候，雨量充沛，水道纵横，湖荡棋布，素有水乡泽国之称。土地肥沃，农产品有水稻、棉花、小麦、油菜、花生、蚕丝、鱼虾等，号称我国著名的"鱼米之乡"和"丝绸之乡"。顾朝林等认为，"长江三角洲城镇群具有特别重要的地位与作用，也是中国融入全球化进程的首要的全球区和全球城市形成区。长江三角洲城镇空间布局应该顺应这些潮流，发展全球城市，建设巨型城市区，组建网络城市，规划走廊城市；在推进全球化战略的过程中，通过行政区划调整整合全球枢纽港建设资源，与全球化和世界工厂发展趋势相结合，充分利用舟山突出的深水岸线资源，建设巨型国际航运中心；在长江三角洲全球城市区内建设一批全球城市战略区，推进东南沿海"世界工厂"、全球航运枢纽、全球物流基地等领域的发展"。[②]

在未来 5 到 10 年，长江三角洲城市群将逐步形成以上海为中心的四大圈层：

第一圈层：主要是指上海市这一长江三角洲的首位城市。其集聚国际要素的能力与对四周的辐射能力都将进一步强化。

第二圈层：包括苏州、嘉兴、南通在内，形成"1 小时紧密都

---

① 上海统计网：http://www.stats-sh.gov.cn/2008shtj/index.asp

② 顾朝林、张敏、张成、张晓明、陈璐、汪淳：《长江三角洲城市群发展研究》，《长江流域资源与环境》，2007 年第 6 期，第 771—775 页。转引自中国人民大学复印报刊资料《城市经济、区域经济》，2007 年第 3 期，第 35—36 页。

市圈",距离上海100公里以内,各城市间以轨道交通连接、产业互补性强、城市关联度高,是长江三角洲的中心区。

第三圈层:包括南京、镇江、泰州、扬州、湖州、绍兴、宁波等在内的"3小时都市圈",距离上海300公里以内,是长江三角洲的主体区。随着高速铁路和轨道交通的进一步发展,这一区域与上海的时间距离逐步缩减成为以上海为中心的紧密区。

第四圈层:包括江苏、浙江的大部分地区,以及逆江而上的安徽省的芜湖、马鞍山、铜陵、滁州乃至合肥等城市将逐步融入长江三角洲都市连绵区中。

长江三角洲未来城市空间格局将呈现出以上海为中心,以南京、杭州为次中心,以无锡、宁波为三级中心的"轴线+圈层"的空间结构特征,城市网络交通系统不断完善,外围空间不断拓展。[①]

长江三角洲地区是中国交通最为发达的地区之一。新建的虹桥枢纽中心是华东最大的中转站。铁路、公路、机场、航运等组成了发达的交通网络。

(二)珠江三角洲

珠江三角洲通常是指广东、香港、澳门三地构成的区域,面积18.1万平方公里,户籍总人口8679万。

珠江三角洲是全国经济发展最迅速的地区之一。随着经济的快速发展,该地区的社会发展呈现出农村工业化程度高、城乡一体化进程快等特点。

珠江三角洲多雨季节与高温季节同步,土壤肥沃,河道纵横,对农业有利。水稻单位面积产量在中国名列前茅。热带、亚热带

---

① 张颢瀚、孟静:《交通条件引导下的长江三角洲城市空间格局演化》,《江海学刊》,2007年第1期,第75—79页。转引自中国人民大学复印报刊资料《城市经济、区域经济》,2007年第3期,第40页。

水果有荔枝、柑橘、香蕉、菠萝、龙眼、杨桃、芒果、柚子、柠檬等 50 多种。珠江三角洲形成桑基鱼塘、果基鱼塘、蔗基鱼塘等立体农业结构形式，淡水渔业发达。成为中国生态农业的典范。有制糖、丝织、食品、造纸、机械、化工、建筑材料、造船等工业，有南海明珠之称。

　　根据《珠江三角洲地区改革发展规划纲要》（2008—2020年），珠三角的战略定位是：第一，探索科学发展模式试验区；第二，深化改革先行区；第三，扩大开放的重要国际门户；第四，世界先进制造业和现代服务业基地；第五，全国重要的经济中心。

　　珠三角的发展目标为：到 2012 年，率先建成全面小康社会，初步形成科学发展的体制机制，产业结构明显升级，自主创新能力明显增强，生态环境明显优化，人民生活明显改善，区域城乡差距明显缩小，区域一体化格局初步形成，粤港澳经济进一步融合发展。人均地区生产总值达到 80000 元，服务业增加值比重达到 53%；城乡居民人均收入比 2007 年显著增长，平均期望寿命达到 78 岁，社会保障体系覆盖城乡，人人享有基本公共医疗服务；城镇化水平达到 80% 以上；每新增亿元地区生产总值所需新增建设用地量下降，单位生产总值能耗与世界先进水平的差距明显缩小，环境质量进一步改善。到 2020 年，率先基本实现现代化，基本建立完善的社会主义市场经济体制，形成以现代服务业和先进制造业为主的产业结构，形成具有世界先进水平的科技创新能力，形成全体人民和谐相处的局面，形成粤港澳三地分工合作、优势互补、全球最具核心竞争力的大都市圈之一。人均地区生产总值达到 135000 元，服务业增加值比重达到 60%；城乡居民收入水平比 2012 年翻一番，合理有序的收入分配格局基本形成；平均期望寿命达到 80 岁，实现全社会更高水平的社会保障；城镇化水平达到 85% 左右，单位生产总值能耗和环境质量达到或接近世界先进水平。①

珠江三角洲发展主要量化目标：

2012年目标：①人均地区生产总值：80000元；②服务业增加值比重：53%；③平均期望寿命：78岁；④城镇化水平：80%以上；⑤产值超千亿元的新兴产业群：3—5个；⑥销售收入达千亿元跨国企业：3—5家；⑦年主营业务收入超百亿企业：100家以上；⑧年主营业务收入超千亿元企业：8家左右；⑨世界名牌产品：8个；⑩年发明专利申请量：600件/百万人口；⑪国家重点实验室、工程中心、工程实验室：100家；⑫研发经费支出占生产总值比重：2.5%；⑬高速公路通车里程：3000公里；⑭轨道交通运营里程：1100公里；⑮港口货物吞吐能力：9亿吨；⑯集装箱吞吐能力：9亿吨；⑰民航机场吞吐能力：8000万人次；⑱互联网普及率：90%以上；⑲家庭宽带普及率：65%以上；⑳无线宽带人口覆盖率：60%左右；㉑城镇污水处理率：80%左右；㉒城镇生活垃圾无害化处理率：90%；㉔城镇户籍从业人员参保率：95%以上；㉕外来务工人员参保人数80%以上；㉖农村养老保险参保率：60%以上；㉗被征地农民参保率：90%以上；㉘服务贸易占进出口贸易总额的比重：20%。②

2020年目标：①人均地区生产总值：135000元；②服务业增加值比重：60%；③平均期望寿命：80岁；④城镇化水平：85%左右；⑤先进制造业增加值占工业增加值比重：超过50%；⑥高技术制造业增加值占工业增加值比重：30%；⑦年主营业务收入超千亿元企业：20家左右；⑧世界名牌产品：20个左右；⑨轨道交通运营里程：2200公里；⑩港口货物吞吐能力：14亿吨；⑪集

---

①　南方报业传媒集团编：《聚焦珠三角广东再出发》，《〈珠江三角洲地区改革发展规划纲要（2008—2020年）〉解读》，南方日报出版社2009年版，第6—7页。

②　同上书，第53—54页。

装箱吞吐能力：7200 万标箱；⑫民航机场吞吐能力：15000 万人次；⑬广州防洪防潮能力：200 年/遇；⑭深圳防洪防潮能力：200 年/遇；⑮地级市市区防洪防潮能力：50 年/遇；⑰重要堤围防洪防潮能力：50—100 年/遇；⑱大中城市供水水源保证率：97% 以上；⑲一般城镇供水水源保证率：90% 以上；⑳单位地区生产总值能耗：0.57 吨标准煤；㉑工业重复用水率：80%；㉒城镇污水处理率：90% 以上；㉓城镇生活垃圾无害化处理率：100%；㉔工业废水排放达标率：100%；㉕人均公园绿地面积：15 平方米；㉖生态公益林面积：90 万公顷；㉗自然保护区（林业系统）：82 个；㉘建成国内一流、国际先进的高水平大学：1—2 所；㉙文化产业增加值占地区生产总值比重：8%；㉚服务贸易占进出口总额的比重：40% 以上；㉛年销售收入超 200 亿美元的本土跨国公司：10 家；㉜现代化服务业增加值占服务业增加值比重超过 60%；㉝省部产学研技术创新联盟：100 个左右。①

（三）京津冀城市群

京津冀城市群跨越北京市、天津市和河北省，除京、津二市外，还包括河北省境内的唐山、秦皇岛、保定、沧州、廊坊、遵化、丰南、迁安、定州、涿州、安国、高碑店、任丘、泊头、黄骅、河间、霸州、三河等，共计 20 个城市，人口 5122 万，土地面积 9.27 万平方公里，分别占京、津、冀地区城市总数的 55.6%，城市总人口的 61.5%，城市面积的 44.2%。

京津冀城市群主要指的是以京津唐为骨干的城市群或城市圈。应该说，这一城市群目前已经具有北京城市圈、天津城市圈和唐山城市圈。

目前，有关专家对京津冀城市群的范围意见不一，因此，有

---

① 南方报业传媒集团编：《聚焦珠三角广东再出发》，《〈珠江三角洲地区改革发展规划纲要（2008—2020 年）〉解读》，南方日报出版社 2009 年版，第 53—54 页。

专家称之为京津唐。于维洋认为，京津唐经济区的发展有如下特点：一是大中城市数量少，突出了两个特大城市；二是区域内中小城市和小城镇发展相对薄弱；三是水资源不足问题突出；四是环境问题越来越引起关注；五是同类产业争资源、争投资、争人才现象严重；六是政策多元化影响深远。京津唐经济区发展的优势有：一是中国北方最大的工业密集区；二是综合科技实力和区域创新能力强；三是中国重要的交通通信枢纽地带，沟通欧洲亚太地区的主要交通通道；四是大型企业相对集中，基础工业实力雄厚，发展潜力极大；五是旅游资源丰富，极富吸引力。京津唐经济区发展存在的问题有：一是市场分割严重，城市拥挤，空气污染严重；二是产业结构趋同，城市分工不明确；三是城市的综合辐射和影响力不突出，城乡差距较大；四是政策支持的力度不强，起步比较晚。因此，要发展京津唐经济区，必须采取相应的措施。①

霍兵认为，"大滨海新区"是指环渤海湾之京津冀的缤海地区，包括天津滨海新区的塘沽、汉沽和大港、河北的曹妃甸、黄骅、京唐港和秦皇岛等沿海地区，海岸线长度约500多公里，陆域面积的2万平方公里，占京津冀22万平方公里的10%。"大滨海新区作为京津冀的滨海地区，是京津冀最主要的发展方向和发展空间，要成为具有世界领先水平的、我国新型工业化和城市化的示范区域，成为整个区域发展的前沿和引擎"。②

---

① 于维洋：《京津唐经济区协调发展的思路》，《燕山大学学报》（哲学版），2006年第4期，第72—75页。转引自中国人民大学复印报刊资料《城市经济、区域经济》，2007年第4期，第24—25页。

② 霍兵：《大滨海新区：京津冀空间发展前沿的"第二波"》，《港口经济》，2007年第1期，第7—9页。转引自中国人民大学复印报刊资料《城市经济、区域经济》，2007年第4期，第19页。

（四）中原城市群

中原城市群以河南省会郑州为中心，包括洛阳、开封、新乡、焦作、许昌、平顶山、漯河、济源在内共9个省辖（管）市，下辖14个县级市、34个县、843个乡镇。区域土地面积约5.87万平方公里，人口4045万，分别占全省土地面积和总人口的35.1%和41%。

中原城市群的区位优势明显，承东启西，连南贯北，交通便利，是河南省经济发展最好的区域。郑州作为河南省会城市、中原城市群的龙头，大力实施中心城市带动战略，加快构建现代产业体系、现代城镇体系和自主创新体系，进一步强化枢纽城市地位，着力抓好大枢纽、大金融、大物流等区域性功能中心建设，全面提升城市综合承载能力和区域发展服务能力。

在中部六省打造的经济圈中，中原城市群经济总量居于首位。2008年，中原城市群国内生产总值10563.4亿元。①

（五）武汉城市圈

武汉城市圈，又称"1＋8"城市圈，是指以武汉为圆心，包括黄石、鄂州、黄冈、孝感、咸宁、仙桃、天门、潜江周边8个城市所组成的城市圈。武汉城市圈国土面积达58051.9平方公里，占湖北全省国土面积的31.2%；区域常住总人口2987.65万人（2007年），占全省常住人口的52.5%。②

2008年武汉城市圈实现GDP 6972.06亿元，增长14.8%，比全省平均水平高1.4个百分点，占全省比重61.5%；固定资产投资3707.97亿元，增长32.3%，占全省比重63.9%；社会消费品零售总额3150.42亿元，增长23.2%，占全省比重63.4%。③

---

① 河南统计网：http：//www. ha. stats. gov. cn/hntj/index. htm。
② 湖北统计信息网：http：//www. stats – hb. gov. cn/tjj/。
③ 湖北统计信息网：http：//www. stats – hb. gov. cn/tjj/。

在工业发展上，武汉城市圈的冶金、汽车、机械、化工、建材、纺织、医药、光电子等行业在全国占有重要地位，正在形成以机械工业、化工工业、轻纺工业和光电子信息产业为主的四大支柱产业，在农业发展上，传统的粮棉油和具有特色的蔬菜、奶业、水产品、林特产品等品种繁多。在服务业发展上，以武汉为中心，商贸、运输、邮电、金融、科教、旅游、房地产、文化娱乐、信息服务和社区服务等发展优势明显，特别是商贸、金融和科教优势在华中地区比较突出。

武汉城市圈资源丰富。已发现矿产100多种。江河湖泊众多，水资源丰富。植被具有南北过渡的特征，生物资源较为丰富。

随着全国交通网、信息网的建成和完善，武汉城市经济圈交通通信体系将初步形成。

社会发展方面，武汉城市圈突出9市的社会事业资源联动共享，突出城市圈生态功能和生态资源承载力的整体提升，将武汉城市圈打造成人水和谐、绿色宜居、生态文明、持续发展的生态城市圈。

（六）长株潭城市群

长株潭城市群位于湖南省东北部，包括长沙、株洲、湘潭三市。面积2.8万平方公里，人口1300万。长沙、株洲、湘潭三市沿湘江呈品字形分布，两两相距不足40公里，结构紧凑。人均水资源拥有量2069立方米，森林覆盖率达54.7%，具有较强的环境承载能力。胡刚认为，"长沙、株洲、湘潭三城市，同处湘江中游，呈'品'字型分布，两两相距45公里左右，有高速公路、铁路和水运连通，经济联系紧密，产业各具优势"。①

---

① 胡刚：《共同开发：城市组合多途径》，《现代经济探讨》，2006年第11期，第49—52页。转引中国人民大学复印报刊资料《城市经济、区域经济》，2007年第4期，第63页。

2008 年，长株潭城市群实现地区生产总值（GDP）4565.24 亿元，比 2007 年增长 14.5%，占全省地区生产总值的 40.9%，所占比重较 2007 年提高 3.1 个百分点。长株潭城市群在全省经济增长中处于举足轻重的位置。①

钢铁、有色、化工、建材为主体的传统重化产业在长株潭城市群长期占有支配性地位，被称之为优势产业。目前，长株潭城市群正在大力培育装备制造、电子信息、新材料、钢铁有色、生物医药、食品加工等 6 大产业集群，形成并发展一批与之配套的服务业。农业科教资源丰富、城乡结合紧密，依托龙头企业，抓好优质水稻、花卉苗木、有机茶等基地建设，发展都市农业，建成现代农业示范基地。

长株潭城市群矿产种类繁多，尤以非金属矿独具特色。已查明的有铁、锰、钒、铜、铅、锌、硫、磷、海泡石、重晶石、菊花石、煤等 50 余种，有全国独一无二的菊花石，储量居全国首位的海泡石等。

长株潭城市群交通便利。铁路京广复线贯通南北。湘赣、湘黔、石长线连接东西；公路 106、107、319 国道与省道、县道构成网络，四通八达；水运长沙港可通湘、资、沅、澧和长江各口岸；民航黄花国际机场已开辟国内航线 35 条。

长株潭城市群是我国京广经济带、泛珠三角经济区、长江经济带的接合部，区位和交通条件优越。三市通过资源整合和产业布局调整，目前已建成了 3 个国家级开发区，2 个国家产业基地。

从 2005 年开始，每年年初均由湖南省长株潭经济一体化办公室组织制定年度经济一体化工作目标任务，三市互动的协调机制正在建立。目前，随着《长株潭城市群总体规划》的出台，

---

①　湖南统计信息网：http://www.hntj.gov.cn/。

有关部门为做好与总体规划的配套协调，正在拟定相应的专项规划。同时，在基础设施、产业、市场、城乡、资源环境一体化方面正在采取措施积极推进，如已经实行了公交同城、通信一体化等。

（七）太原都市圈

太原都市圈以省会太原市为中心，以晋中市、吕梁市、阳泉市、忻州市为核心圈，面积2.5万平方公里，圈内人口965.8万人（2005年数据）。该区域公路、铁路、航空等交通运输体系完备，产业基础雄厚，经济总量占到全省的40%。① 山西省以加快太原经济圈建设为着力点，围绕"三大基地、四大中心"，以城市交通、通讯等基础设施建设为突破口，积极推进太原、榆次同城化，强化太原与圈内城市间的经济联系，积极探索建立政府引导、市场运作、企业为主、社会参与的区域合作机制，深化与周边省市、中部地区和国内各经济区的交流与合作，不断提高太原作为中心城市的辐射力。

2008年，太原市国内生产总值1468亿元，增长速度8.1%。突出太原中心城市的地位，提高其城市首位度，是太原市发展的当务之急。②

（八）江淮城市群

江淮城市群包括合肥市、六安市区、巢湖、淮南市区、蚌埠市区、滁州、马鞍山、芜湖、铜陵、池州（部分）、安庆（部分）等11个省辖市。江淮城市群以合肥为核心，以沿江、沿海城市为两翼，人口3100万，面积约6.5万平方公里。

2007年，江淮城市群的地区生产总值为4780亿元，占全省的65.1%。工业GDP为2010亿元，占全省的73%；固定资产投资

---

① 山西统计信息网：http：//www. stats－sx. gov. cn/。

② 同上。

为 3462 亿元，占全省的 71.7%；进出口总值为 121.9 亿美元，占全省的 76.5%。[①]

中央部属和省属的科研机构、国家与省级研发中心、高新技术企业也都主要集中在江淮城市群，形成以合肥为中心，蚌埠、芜湖为次中心的科教集中区。江淮城市群是全省的工业密集区，也是制造业密集区。规模以上工业企业产值占到全省总量近 7 成，制造业的投资正在向江淮城市群集聚。

在江淮城市群的东部是长三角城市群，连接点在安徽省是马鞍山市、在长三角是南京市。马鞍山市与南京市已经出现"同城化"，而南京都市圈也已经覆盖了江淮城市群的许多城市。江淮城市群既是长三角的"腹地城市群"，又是中部地区的"门户城市群"，因而，江淮城市群在全国的战略地位至关重要。

(九) 昌九城市带

昌九城市带地理范围包括南昌、九江两个设区市。土地总面积 2.6 万平方公里，占全省国土面积的 15.7%；人口 921 万人，占全省总人口的 21.4%。昌九城市带的交通四通八达，2008 年，南昌市国内生产总值 1650 亿元，同比增长 15.5%，九江市国内生产总值 703 亿元，同比增长 13.5%。[②]

昌九城市带主要以高新技术产业、家电制造、单体有机硅、石化、汽车、服装加工等产业集群为主。

---

① 安徽统计信息网：http：//www.ahtjj.gov.cn/。
② 江西统计信息网：http：//www.jxstj.gov.cn/Index.shtml。

三　中原城市群各城市的功能定位

（一）中原城市群各城市的基本情况

1. 郑州市

郑州市是河南省省会，位于河南省中部偏北，北临黄河，西依嵩山，东南为广阔的黄淮平原。

郑州地区属暖温带大陆性气候，四季分明，年平均气温14.4℃。7月最热，平均27.3℃；1月最冷，平均0.2℃；年平均降雨量640.9毫米，无霜期220天，全年日照时间约2400小时。境内大小河流35条，分属于黄河和淮河两大水系，其中流经郑州段的黄河150.4公里。

郑州市是河南省政治、经济、文化中心。辖12个县（市）、区，其中县1个、县级市5个、区6个。据2007年的统计资料，年末全市总人口735.6万人，其中女性356.0万人；城镇人口450.8万人；非农业人口303.0万人。郑州地处中原腹地，"雄峙中枢，控御险要"，为全国重要的交通、通讯枢纽，是国家开放城市和历史文化名城，是中国八大古都之首。①

郑州有丰富的文化积淀，全市有各类文物古迹1400多处，其中国家级文物保护单位26处。嵩山风景名胜区是全国44个重点风景名胜区之一，"天下第一名刹"少林寺就坐落在嵩山脚下。这里还有我国最早的天文建筑周公测景台和元代观星台、中国宋代四大书院之一——嵩阳书院、我国现存最大的道教建筑群中岳庙等。中华人文始祖黄帝，著名历史人物列子、子产、杜甫、白居易、高拱等就出生在郑州。

2008年，全市实现生产总值3004亿元，比上年增长12.2%；

---

① 郑州市人民政府网站：http://www.zhengzhou.gov.cn/。

人均生产总值40617元，增长10.7%。其中第一产业增加值94.7
亿元，增长5.6%；第二产业增加值1659.5亿元，增长14.8%；
第三产业增加值1249.8亿元，增长9.2%。三大产业结构由上年
的3.2：52.9：43.9调整为3.2：55.2：41.6。非公有制经济完成
增加值1802亿元，增长16%，占生产总值的比重为60%，比上年
提高2个百分点。年末全市城镇化率达到62.3%，比上年提高1
个百分点。①

郑州商贸发达，是国务院确定的3个商贸中心试点城市之一。

历史渊源。郑州是一座古老的城市。早在3500年前，这里就
是商王朝的重要都邑。郑州历史悠久，是中华民族的发祥地之一，
孕育了中华民族及其光辉灿烂的文化。曾有夏、商、管、郑、韩5
朝为都，隋、唐、五代、宋、金、元、明、清8代为州。辖区内
发现有距今8000年的裴李岗文化，距今5000年的大河村、秦王寨
等多种类型的仰韶文化与龙山文化遗址。据史籍记载，中华民族
始族黄帝的出生地轩辕之丘，位于郑州市境内的新郑。我国历史
上第一个奴隶制王朝夏代曾建都于阳城（今郑州市登封），商王仲
丁迁都于此（今郑州市区），周武王封叔鲜于管（今郑州市区），
表明郑州地区在历史上相当长的时期内曾是国家的政治中心。

自然资源。郑州自然资源丰富，已探明矿藏34种，主要有
煤、铝矾土、耐火粘土、水泥灰岩、油石、硫铁矿和石英砂等。
其中煤炭储量达50亿吨，居全省第一位；耐火黏土品种齐全，储
量达1.08亿吨，约占全省总储量的50%；铝土储量1亿余吨，占
全省总储量的30%；天然油石矿质优良，是全国最大的油石基地
之一。郑州盛产小麦、玉米、大豆、水稻、花生、棉花、经济林
等粮食作物和苹果、梨、红枣、柿饼、葡萄、西瓜、大蒜、金银
花和黄河鲤鱼等农副土特产品。中牟、新郑、荥阳是全国重要的

---

① 河南统计网：http：//www.ha.stats.gov.cn/hntj/index.htm。

粮食基地县。

工业。郑州市在纺织、机械、建材、耐火材料、能源和原辅材料产业上具有明显优势。以有色金属、食品、煤炭、卷烟等为主导产业。郑州是全国纺织工业基地之一，是全国重要的冶金建材工业基地，氧化铝产量占全国一半左右；机械工业拥有亚洲最大的磨料磨具企业——白鸽集团。郑州宇通客车股份有限公司是亚洲规模最大、工艺技术最先进的客车生产企业，2002年被世界客车联盟授予最佳客车制造商称号。

农业。郑州具有"中、通、丰、古、商"的区位优势。郑州围绕城郊型农业的特点，大力发展高效农业、商品农业，初步构筑了适应社会主义市场经济要求的农村新经济体制框架，进入了一个崭新的发展阶段。

交通。郑州具有贯通东西、连接南北的战略作用。郑州是我国公、铁、航、信兼具的综合性交通通信枢纽。京广、陇海两大铁路干线在此交汇，拥有3个铁路特等站，郑州北站是亚洲最大的列车编组站，郑州东站是全国最大的零单货物中转站，郑州车站是全国最大的客运站之一；郑州是全国7个公路主枢纽城市之一，国道107线和310线以及境内18条公路干线，辐射周围各省市。目前，郑州拥有铁路一类口岸和航空一类口岸各1个，铁路二类口岸和公路二类口岸各1个，货运在郑州可联检封关，直达国外，开通了郑州—香港直达集装箱专列。

大力发展文化旅游产业。商城遗址公园、郑州歌舞剧院等一批重点文化建设工程进展顺利，嵩山历史建筑群申报世界文化遗产工作稳步推进，嵩山少林景区被评为国家首批5A级景区，黄帝故里景区完成了改扩建工程，炎黄二帝巨塑正式落成，丁亥年黄帝故里拜祖大典成功举办，《禅宗少林·音乐大典》和《快乐星球》受到广泛赞誉，大型舞剧《云水洛神》创作进展顺利。

2. 洛阳市

洛阳是中国重要的工业基地。目前，洛阳工业已形成了以机电、冶金、建材、石化、轻纺、食品等为主，36 个工业门类、5300 多家工业企业（其中大中型企业 89 家）组成的门类齐全、大中小结合、轻重工业全面发展的工业体系。

洛阳市位于河南省西部，"居天下之中"，素有"九州腹地"之称。洛阳地理条件优越，它位于暖温带南缘向北亚热带过渡地带，四季分明，气候宜人。年平均气温 14.2℃，降雨量 546 毫米。东邻郑州，西接三门峡，北跨黄河与焦作接壤，南与平顶山、南阳相连。东西长约 179 公里，南北宽约 168 公里。①

2008 年，全市实现生产总值 1919.6 亿元，增长 14.4%。人均生产总值 30080 元，增长 13.8%。第一产业完成增加值 167.5 亿元，增长 5.8%；第二产业完成增加值 1172.6 亿元，增长 15.7%；第三产业完成增加值 579.5 亿元，增长 13.9%。三次产业对经济增长的贡献率分别为 3.2%、67.8% 和 29%。②

自然地理。洛阳地势西高东低。境内山川丘陵交错，地形复杂多样，其中山区占 45.51%，丘陵占 40.73%，平原占 13.8%，周围有郁山、邙山、青要山、荆紫山、周山、樱山、龙门山、香山、万安山、首阳山、嵩山等多座山脉；境内河渠密布，分属黄河、淮河、长江三大水系，黄河、洛河、伊河、清河、磁河、铁滦河、涧河、瀍河等 10 余条河流蜿蜒其间，有"四面环山六水并流、八关都邑、十省通衢"之称。由于洛阳地处中原，山川纵横，西依秦岭，出函谷是关中秦川；东临嵩岳；北靠太行且有黄河之险；南望伏牛，有宛叶之饶，因此"河山拱戴，形势甲于天下"。

历史沿革。洛阳因地处古洛水之阳而得名，是国务院首批公

---

① 洛阳市人民政府网站：http://www.ly.gov.cn/。

② 河南统计网：http://www.ha.stats.gov.cn/hntj/index.htm。

布的历史文化名城。以洛阳为中心的河洛地区是华夏文明的重要发祥地。中国古代伏羲、女娲、黄帝、唐尧、虞舜、夏禹等神话，多传于此。夏太康迁都斟，商汤定都西亳；武王伐纣，八百诸侯会孟津；周公辅政，迁九鼎于洛邑。平王东迁，高祖都洛，光武中兴，魏晋相禅，孝文改制，隋唐盛世，后梁唐晋，相因相袭，共十三个王朝。汉魏以后，洛阳逐渐成为国际大都市，隋唐时人口百万，四方纳贡，百国来朝，盛极一时。

洛阳现辖偃师市、孟津、新安、洛宁、宜阳、伊川、嵩县、栾川、汝阳一市八县和涧西、西工、老城、瀍河、洛龙区、吉利六个城市区，总面积15208平方公里，市区面积544平方公里。2008年末洛阳总人口654.4万人。

洛阳物产资源丰富，开发前景广阔。已探明有钼、铝、金、银、钨、煤、铁、锌、水晶、铅等甲类矿产资源26种，这些矿藏储量大，品位高，易于开采利用。其中钼矿储量居全国首位，是世界三大钼矿之一。

洛阳市森林植物中有高等植物173科、830属、2308种及198个变种、6个变型。洛阳市野生动物资源丰富，全市有陆栖脊椎动物342种，其中有珍稀动物190余种，天然药物480余种。水资源也很丰富，境内有黄河、洛河、伊河、瀍河、涧河等河流和陆浑、故县两座大型水库。

洛阳农业结构调整坚持因地制宜，突出特色，区域化、规模化发展，优质专用粮食、林果、中药材、烟叶、花卉、苗木六大支柱产业格局初步形成。畜牧业发展步伐加快，奶业生产取得突破性进展。

洛阳境内生物资源十分丰富，农业经济作物种类繁多。有珍贵的领椿木、铁杉、连香、银杏、山白苟等树种；有天然化工原料植物漆树、油桐等；有经济植物核桃、山楂、板栗、苹果、柿子等。还是重要的药材产地，种类多达1480余种。洛阳是河南小麦重要产区，偃师的小麦栽培技术驰名全国，亩产高达千斤以上。经济作物主要有棉花、烟叶、油料等。土特产品远近闻名，主要有偃师的泡桐，孟津的梨和黄河鲤鱼，新安的柿子和樱桃，洛宁绿竹和猕猴桃等。孟津的奶山羊和伊川的大尾牛享誉海内，分别被国家确定为山羊和大尾牛生产基地县。

洛阳位于豫西山区，东临嵩岳，西依秦岭，南望伏牛，北靠太行，地形、地貌复杂多变，孕育了名山大川、河湖瀑布、溶洞温泉、原始森林等风景名胜。北25公里有中华民族的母亲河黄河及举世瞩目的小浪底水利枢纽工程，270平方公里浩淼水面与崇山峻岭融为一体，构成一幅北方千岛湖的壮观画面。东80公里有中岳嵩山及少林寺名胜。

牡丹是洛阳的市花。牡丹是我国传统名花，富丽堂皇，国色天香，自古就有富贵吉祥、繁荣昌盛的寓意。"洛阳地脉花最宜，牡丹尤为天下奇。"洛阳牡丹根植河洛大地始于隋，盛于唐，甲天下于宋。正如唐代诗人刘禹锡和白居易所赞："唯有牡丹真国色，花开时节动京城"、"花开花落二十日，一城之人皆若狂"。

3. 开封市

开封南北宽约92公里，东西长约126公里，总面积6444平方公里，其中市区面积359平方公里，总人口451万。东距亚欧大陆桥东端的港口城市连云港500公里，西距省会郑州72公里，南望平畴，北依黄河，在中国版图上处于豫东大平原的中心部位。[①]

2008年，全市实现生产总值（GDP）689.37亿元，比上年增长13.1%。其中，第一产业增加值153.66亿元，增长5.6%；第二产业增加值312.45亿元，增长14.3%；第三产业增加值223.26亿元，增长17.5%。三次产业结构为22.3∶45.3∶32.4，其中二、三产业比重比上年提高2.1个百分点。全市人均生产总值达到

---

① 开封市人民政府网站：http：//www.kaifeng.gov.cn/。

14713 亿元，比上年增长 12.8%。非公有制经济实现增加值
413.62 亿元，占生产总值的比重为 60.0%。①

开封市地处豫东平原，黄河下游大冲积扇南翼，海拔 69 米至
78 米。这里地势平坦，土层深厚，土质良好，结构稳定，有利于
各种农作物和经济作物的种植，林木覆盖率高于全国平均水平。

开封所辖区域地下资源已探明的有石油和天然气，预计石油
总生成量为 5.6 亿吨，天然气储量为 485 亿立方米，现已大量开采
利用。煤炭资源埋藏较深，预测可靠储量为 77.9 亿吨。此外，地
下还有丰富的石灰岩、岩盐、石膏等矿藏。

开封市境水资源主要包括地表水和浅层地下水，资源总量多
年平均为 8.35 亿立方米（不含过境水）。其中地表水为 3.51 亿立
方米，占资源总量的 42%，地下水 4.84 亿立方米（允许开采量），
占资源总量的 58%。②

开封农副产品资源丰富，养殖业发达。开封农业具有得天独
厚的自然条件，土地肥沃，气候温和。盛产小麦、大豆、玉米、
棉花、西瓜、花生、大蒜、泡桐、苹果和葡萄等，是全国重要的
小麦、棉花、花生生产出口基地，被国家定为粮棉生产基地、板
山羊基地、淡水养鱼基地。开封是小麦主产区，小麦品质好、产
量高。

开封市现辖杞县、通许、尉氏、开封、兰考五县，龙亭、顺
河、鼓楼、禹王台、金明五区和开封经济技术开发区，总面积
6225.56 平方公里，总人口 510.61 万人。

开封市位于河南省东部，是我国的七大古都之一，有"七朝
都会"之称，是国务院首批公布的国家级历史文化名城。开封历
史悠久，早在北宋时期这里就是全国的政治、经济、文化中心，

---

① 河南统计网：http://www.ha.stats.gov.cn/hntj/index.htm。
② 同上。

也是当时世界上最繁华的都市之一，素有"国际都会"之称。各个朝代的更迭交替给开封留下了众多的文物古迹：开封的仿古建筑群风格鲜明多样，宋、元、明、清、民初各个时期特色齐备，除原有的龙亭、铁塔、相国寺等古迹外，新建的宋都御街古朴典雅，再现了北宋京城的风貌。开封是有名的书画之乡、戏曲之乡，历史上曾产生过"苏、黄、米、蔡"四大书法派系，又是豫剧祥符调和河南坠子的发源地。

开封是河南省省辖市，中国首批公布的24座历史文化名城之一。古称汴梁、汴京、东京，简称汴，七朝古都，迄今已有2700余年的历史。开封之名源于春秋时期，因郑国庄公选此地修筑储粮仓城，取"启拓封疆"之意，定名"启封"。汉代景帝时（公元前156年），为避汉景帝刘启之讳，将启封更名为开封。自公元前364年至公元1233年，先后有战国时期的魏，五代的后梁、后晋、后汉、后周，北宋和金七个王朝在此建都，历经千年梦华。北宋时期，开封（史称东京）为宋朝国都长达168年，历经九代帝王。北宋画家张择端绘制的巨幅画卷《清明上河图》，生动形象地描绘了东京开封城的繁华景象。

开封是一座人文与自然景观交相辉映的城市。开封具有"文物遗存丰富、城市格局悠久、古城风貌浓郁、北方水城独特"四大特色。在开封2700多年的历史长河中，开封城虽屡毁屡建，但城址和中轴线始终不变，被誉为城市发展史中罕见的特例。同时，开封城下还叠压着5座城池，其叠压层次之多、规模之大，在中国5000年文明史上是绝无仅有的。开封境内河流众多，分属黄河、淮河两大水系，地下水储量丰富。地下资源已探明的有石油和天然气，预计石油总生成量5.6亿吨，天然气含量485亿立方米。

开封西距郑州国际机场50公里，陇海铁路横贯全境，京广、京九铁路左右为邻，黄河公路大桥横跨南北，310、106国道纵横交汇。京珠高速公路、连霍高速公路，正在建设中的日南、阿深高速公路，加上即将开工的开封至郑州国际机场高速公路，使开封成为国内少有的高速公路密集交织的城市。

作为"菊花之乡"，这里诞生了世界第一部菊艺专著，种菊、赏菊的历史长达 1600 多年，有"汴菊甲天下"的美誉。每到菊花盛开时节，开封都吸引了大批中外宾客。开封是荟萃南北精华的"豫菜"发祥地，饮食文化具有"名店、名吃、名产"的特点，素有中国烹饪始祖之称的伊尹就出生于开封。

开封是中原旅游区重点观光游览城市。古人的"琪树明霞五凤楼，夷门自古帝王州"，"汴京富丽甲天下"等诗句，都生动地描绘了古都开封豪华盖世的繁荣景象。悠久的历史和灿烂的古代文化给开封留下了众多的文物古迹和风景名胜。现在，全市各级文物保护单位 184 处，其中，国家级 5 处，省级 17 处，市级 26 处，县级 136 处。在这里，千年铁塔、繁塔巍然耸立，在宋、金故宫遗址上建造的龙亭雄伟壮观，道教建筑延庆观风格别致，开封最古老的名胜古吹台古朴典雅，以雕刻艺术著称的山陕甘会馆玲珑剔透，还有著名的中原古刹相国寺宏丽华美。开封还是我国著名的"北方水城"，水面面积占城区面积的 1/4，龙亭脚下的潘、杨二湖，迎宾大道两侧的包公湖犹如四块巨大的碧玉镶嵌在古城，令人赏心悦目。①

4. 新乡市

新乡市地处河南省北部，北依太行，南临黄河，紧邻省会郑州，是中原城市群"十字"核心区城市。现辖两市（辉县市、卫辉市）、六县（新乡县、获嘉县、原阳县、延津县、封丘县、长垣县）、四区（卫滨区、红旗区、牧野区、凤泉区）以及高新技术产业开发区、西工区、小店工业区。总面积 8169 平方公里，总人口

---

① 开封市人民政府网站：http://www.kaifeng.gov.cn/。

557.89 万；其中市区面积 422 平方公里，人口 100 万。①

2008 年，全市实现生产总值 949.49 亿元，比上年增长 13.9%，增速比上年回落 2.7 个百分点，其中：第一产业增加值 130.77 亿元，增长 5.3%；第二产业增加值 521.20 亿元，增长 17.3%；第三产业增加值 297.52 亿元，增长 11.7%。三次产业结构为 13.8：54.9：31.3，二、三产业比重较上年提高 1.1 个百分点。②

新乡市区位优势明显。地处南北交汇点，东西结合部，具有承东启西、沟通南北的枢纽地位。京广（北京—广州）、新菏（新乡—菏泽）、太石（山西太原—山东日照石臼港）铁路在此交汇。新乡距山东日照港 630 公里（公路 658 公里），距天津港 719 公里（公路 643 公里）107、106 国道、京珠高速与济东高速、阿深高速穿境而过。

新乡市旅游资源得天独厚。自然、人文景观俱佳。全市现有国家 A 级景区 8 处，其中 4A 级景区 3 处。拥有国家级文物保护单位 4 处，国家级森林公园 1 处，国家级湿地鸟类自然保护区 1 处，省级风景名胜区和文物保护单位 50 余处；市级文物保护单位 500 余处，历史文化名城 1 处，历史文化名镇 1 处。比干庙、潞王陵、白云寺、百泉、万仙山、八里沟、京华园等人文景观与自然景观交相辉映，使新乡成为旅游度假的绝佳去处。新飞集团被确定为国家级工业旅游试点单位。

新乡市工业基础良好。现有规模以上工业企业 901 家，大中型工业企业 142 家。18 家企业入选省 100 户重点企业和 50 户高成长型企业，数量居河南省首位。销售收入超亿元企业 172 家。上市企业 3 家。已初步形成电子信息、生物与新医药、汽车零配件、

① 新乡市人民政府网站：http：//www.xinxiang.gov.cn/。
② 河南统计网：http：//www.ha.stats.gov.cn/hntj/index.htm。

特色装备制造、食品加工、精细化工六大主导产业和白色家电、新型电池及原材料、化纤纺织、造纸、新型建材、医用卫材等一批特色产业。现有省级以上工业园区 5 个，数量居河南省首位。拥有中国名牌产品 6 个，国家免检产品 13 个，中国驰名商标 3 个。新飞集团、金龙铜管、白鹭化纤、科隆电器、华兰生物、新航集团等企业主导产品名列全国前茅。

新乡市农业水平较高。是全国优质小麦生产及种子基地和商品粮基地，优质粮面积占粮食总面积 82%。农业标准化生产领先全国。农业科研实力雄厚，市农科院居全国地市级农业科研机构前十强，省农科院现代农业示范中心、敦煌种业、国家农业科技创新体系小麦试验站相继落户新乡。目前已形成优质小麦、优质水稻、无公害蔬菜等十多个区域支柱产业，建成金银花、山楂等一批具有较大规模和影响的特色农产品基地，培育了长远、新粮等一批实力较强的农业产业化龙头企业。刘庄、龙泉、楼村、京华实业公司等农村经济发达，闻名全国。

新乡市教育、科技事业发达。拥有科研机构 105 个，中国农科院农田灌溉研究所、中国电波传播研究所设在新乡。国家级、省级企业研发中心 57 家，其中企业博士后科研工作站 7 家。拥有高等院校 5 所，居河南省第二位，在校大学生 8.9 万人，毕业生 1.8 万人，中等职业培训学校 68 所，具有较强的人力资源优势和技术研发优势。

新乡的资源非常丰富。发现和开采的矿藏 20 余种，其中水泥石灰岩储量达到 40 亿吨，煤储量达 84 亿吨，大理石储量 20 亿立方米；白垩土和黏土矿储量均在 2 亿立方米以上。新乡地处黄河、海河两大流域，黄河流经新乡 170 公里，流域面积 4558 平方公里，"南水北调"中线工程境内长度 77 公里，水资源充沛。电力能源充沛，现有发电装机容量 117 万千瓦，2008 年达 360 万千瓦。"西气东输"工程境内管长 75.5 公里，每年输气 6.39 亿立方米。京广、新焦和新荷三条铁路在新乡交汇。[①]

5. 焦作市

焦作位于河南省西北部，北依太行，南临黄河。辖11个县市区，总面积4071平方公里，总人口358万，其中市区人口82.5万。

焦作是一个历史非常悠久的城市。焦作古称山阳、怀州，明清时设置"怀庆府"。远在8000年前的氏族公社时期已有人类在此居住，有盘古开天地、华夏祖先伏羲、女娲成婚、女娲补天等美丽的神话传说。

焦作是一个文化底蕴非常深厚的城市。焦作是三国时期军事家司马懿，唐代著名的政治家、思想家、文学家韩愈，唐代大诗人李商隐，明代著名音律学家朱载堉，元代理学家许衡，竹林七贤中的山涛、向秀等历史文化名人的故里。焦作是陈氏太极拳的发祥地。全国重点文物保护单位嘉应观被称为"万里黄河第一观"，蕴涵了中华五千年治河经验，是中华民族治理黄河的博物馆。焦作是一个旅游资源非常丰富的城市。焦作是中国优秀旅游城市，太行山南麓在焦作境内连绵百余公里，从东到西分布着大大小小1000多处景点，山水相依，雄中含秀，春赏山花、夏看山水、秋观红叶、冬览冰挂，独具峡谷景观特色。以云台山、青天河、神农山、青龙峡、峰林峡五大景区组成的云台山世界地质公园闻名遐迩。

焦作是一个发展非常迅速的城市。2008年，全市实现生产总值1031.59亿元，比上年增长12.6%。其中，第一产业增加值83.66亿元，增长5.2%；第二产业增加值689.65亿元，增长15.2%；第三产业增加值258.27亿元，增长8.1%。人均生产总值达到30356元。三次产业结构由上年的8.0：65.7：26.3变化为

---

① 新乡市人民政府网站：http://www.xinxiang.gov.cn/。

8.1∶66.9∶25.0，二、三产比重比上年提高 1.2 个百分点。非公有制经济实现增加值 608.64 亿元，占生产总值的比重为 59.0%。①

　　焦作市水资源丰富。流域面积在 100 平方公里以上的河流有 23 条，还有引沁渠、广利渠两大人工渠，有群英水库、青天河水库、白墙水库、顺涧水库等较大水库，地表水资源充裕；焦作市还是天然的地下水汇集盆地，已探明地下水储量 35.4 亿立方米。建设中的南水北调中线工程也将从焦作通过。丰富的水资源在中西部地区是不可多得的。

　　焦作矿产资源品种较多，储量较大，质量较好。经过普查的矿产资源有 40 余种，占全省已发现矿种的 25%，探明储量的有煤炭、石灰石、铝矾土、耐火黏土、硫铁矿等 20 多种，其中煤田东起修武，西至博爱，南接武陟，东西长 65 公里，南北宽 20 公里，保有储量 32.4 亿吨，为单一的优质无烟煤（发热量：5500—6700 大卡/公斤，含硫量：0.5%—0.8%，挥发分：8%—9%，灰分：22%—27%），是化工和钢铁工业的理想原料。

　　焦作市境内有焦枝（焦作—枝城）、焦太（焦作—太原）、焦新（焦作—新乡）、月侯（月山—侯马）四条铁路线，有月山、待王两个较大的货运编组站，铁路交通便利。投资 20.66 亿元建成了焦郑、焦晋两条高速公路，境内高速公路通车里程达到 72.8 公里。目前，焦作已形成了"以高速公路为骨架、干线公路为支线、县乡道路为脉络"的立体化公路交通运输网，公路总里程达 4953 公里，公路密度 121.6 公里/百平方公里，大大高于全省和全国平均水平。焦作正在成为豫西北、晋东南的一个重要交通枢纽，区位优势得到进一步强化，经济辐射能力大大增强。②

----

①　河南统计网：http：//www.ha.stats.gov.cn/hntj/index.htm。
②　焦作市人民政府网站：http：//www.jiaozuo.gov.cn/。

6. 许昌市

许昌市位于河南省中部。东邻周口市，西交平顶山市，南界漯河市，北依省会郑州市，距离省会仅 80 公里。京广铁路、京珠高速公路、107 国道纵贯南北；311 国道、地方铁路横穿东西；新郑国际机场在北 50 公里。许昌市辖 3 县（许昌县、鄢陵县、襄城县）2 市（禹州市、长葛市）1 区（魏都区），总面积 4996 平方公里，总人口 447 万人，其中许昌市区建成区面积 45.8 平方公里，市区人口 48 万人。悠久的历史文化，使许昌享有"魏都"、"钧都"、"花都"之称。①

2008 年，全市实现生产总值 1062.0 亿元，按可比价计算，比上年增长 12.6%。其中，第一产业增加值 133.9 亿元，增长 4.2%；第二产业增加值 697.0 亿元，增长 14.9%；第三产业增加值 231.1 亿元，增长 10.5%。按常住人口计算，人均生产总值 24706 元，增长 12.2%。三次产业结构由上年的 13.0∶64.1∶22.9 调整为 12.6∶65.6∶21.8，二、三产业比重比上年提高 0.4 个百分点。非公有制经济增加值 732.8 亿元，占生产总值的比重由上年的 67% 提高到 69%。②

许昌是古许国都邑和曹魏发祥之地，享有"魏都"之称。郭沫若曾说："闻听三国事，每欲到许昌。"河南省三国名胜古迹景点 20 个，许昌独占 14 个。许昌是唐代画家吴道子潜心作画之地，被后人尊为"画圣"。宋代著名文学家苏轼、欧阳修、范仲淹等都曾来许昌观光讲学，留下不少诗文墨迹。

许昌市区地处中原中心，有着独特的地理位置。市区距郑州新郑国际机场仅 50 公里，有高速公路直达机场，便利的交通条件使其区位优势更加明显。京广铁路纵贯南北，京珠高速公路与许

---

① 许昌市人民政府网站：http：//www. xuchang. gov. cn/。

② 河南统计网：http：//www. ha. stats. gov. cn/hntj/index. htm。

昌—南阳、许昌至兰考—日照、许昌—登封到洛阳、许昌—扶沟—亳州的高速公路以许昌市为中心形成"米"字形的高速公路框架。许昌成为名副其实的豫南公路港。区位、交通、人文和资源优势给许昌以市区为中心的新兴工业城市带来了广阔的发展空间。

许昌作为县名始于三国魏黄初二年（221年），而考其沿革，则更为悠久。相传，"许"源于唐尧时，因许由牧耕此地而得名。

许地是夏活动的中心区域，夏启建都于夏邑，"大享诸侯于钧台"（钧台在今禹州市三峰山东麓）。

全市高新技术企业已有118家，其中，国家级重点高新技术企业6家，高新技术产品319种。拥有省级民营科技园区4个，国家级企业技术中心2家，省级企业技术中心22家，省级工程技术研究中心和重点实验室8家，市级工程技术研究中心47个。共有48项科技成果获得市级以上科技进步奖，其中6项科技成果获得省科技进步奖，许继集团的"DPS-2000高压直流输电控制保护系统"项目获省科技进步一等奖。[①]

7. 平顶山市

平顶山1957年建市，现已成为以能源、原材料工业为主体，煤炭、电力、钢铁、纺织、化工等工业综合发展的新兴工业城市。现辖汝州、舞钢两个县级市和宝丰、郏县、鲁山、叶县四个县以及新华、卫东、湛河、石龙四个区。全市总人口490万人，其中非农业人口120万人，农业人口368.4万人。市区人口90.09万人，人口自然增长率4.9%。[②]

2008年，全市实现生产总值1067.7亿元，比上年增长13.6%，经济总量跃上1000亿元的新台阶。其中，第一产业完成

---

① 许昌市人民政府网站：http：//www.xuchang.gov.cn/。
② 平顶山市人民政府网站：http：//www.pds.gov.cn/。

增加值 101.4 亿元,增长 5.6%;第二产业完成增加值 696.3 亿元,增长 15.1%;第三产业完成增加值 270 亿元,增长 13.0%。人均生产总值突破 20000 元,达到 21998 元,比上年增长 13.2%。一、二、三产业的结构由上年的 9.8∶62.7∶27.5 变化为 9.5∶65.2∶25.3。非公有制经济完成增加值 550 亿元,占生产总值的比重为 51.5%。①

已探明储量矿种 22 种。其中煤炭保有储量 31.59 亿吨;岩盐探明储量 20.9 亿吨,远景资源储量 2300 亿吨;铁矿储量 7.3 亿吨;铝土矿探明储量 2974 万吨,远景储量 3.29 亿吨;石膏储量 3.2 亿吨;磷矿 1 亿吨;水泥灰岩 15 亿吨;熔剂灰岩 7712 万吨,在全省乃至全国都占有重要地位,潜在经济价值 6000 多亿元,为平顶山市的经济发展奠定了坚实的基础。

平顶山市全境东西长 150 公里,南北宽 140 公里,总面积 7925 平方公里,市区面积 459 平方公里,以建在山顶平坦如削的平顶山下而得名。市区距省会郑州铁路里程 218 公里,公路里程 135 公里。②

平顶山市位于晋豫能源区的南缘,担负着湖南、湖北、广东、广西、上海等省、市生产、生活用煤的供应任务。是中南地区最大的煤炭基地,又是河南省中部的经济重镇。

平顶山交通发达,已初步形成交通网络。

8. 漯河市

漯河地处中原腹地,2003 年被列入中原城市群,辖临颍、舞阳两县和郾城、源汇、召陵三区及一个省级经济开发区,总面积 2617 平方公里,总人口 256 万人。

2008 年,全市实现生产总值 550.3 亿元,比上年增长 13.4%。

---

① 河南统计网:http://www.ha.stats.gov.cn/hntj/index.htm。

② 同上。

其中，第一产业增加值 79.3 亿元，增长 6.6%；第二产业增加值 376.1 亿元，增长 16.9%；第三产业增加值 94.9 亿元，增长 5.1%。人均生产总值 22237 元，增长 13.8%。三次产业结构为 14.4：68.4：17.2，二、三产业比重比上年上升 1.0 个百分点。全市非公有制经济增加值 319.2 亿元，占生产总值的比重 58%。[①]

漯河是一个区位优越、交通发达的枢纽城市。漯河是国家二类交通枢纽城市，距郑州新郑国际机场不足一小时车程，京广、漯宝（丰）、漯阜（阳）3 条铁路和京港澳高速、南洛高速、107 国道及 5 条省道贯穿全境，构成全省重要的铁路和高速公路"双十字"交通枢纽。

漯河是一个北方水城。淮河的两大支流沙河、澧河贯穿全境并在市区交汇，一城春色半城水，是北方少有的水景城市、森林城市。

漯河是一个特色鲜明、享誉四方的食品名城。漯河食品加工主导产业特色明显，培育出亚洲最大的肉类加工企业双汇集团等一批知名食品企业，是全国首家中国食品名城、全省食品工业基地市、全省无公害食品基地示范市。

漯河历史悠久、文化灿烂。早在新石器时代，先民就在这里定居生息。贾湖遗址发现的新石器时代早期裴李岗文化契刻符号、距今已有 8000 多年的历史、将中国文字史向前推进了 4000 多年，出土的国宝七音骨笛、将中国音乐文化史向前推进了 3000 多年，贾湖遗址的酿酒工艺、将中国造酒史向前推进了 3000 多年。[②]

商周时期，漯河小镇就逐渐形成，因濒临隐水（今沙河）故称隐阳城，属召陵县管辖。南北朝时期，隐阳城改称奇雒城。

---

① 河南统计网：http://www.ha.stats.gov.cn/hntj/index.htm。
② 漯河市人民政府网站：http://www.luohe.gov.cn/。

9. 济源市

济源因济水发源地而得名，是传说中愚公移山故事的发祥地。位于河南省西北部，北依太行、王屋二山，南临黄河，西与山西相邻，东接华北平原。面积1931平方公里，人口66万。济源是河南省十八个省辖市之一，是一座新兴的工业旅游城市。

2008年，全市实现生产总值288.35亿元，比上年增长14.8%，其中：第一产业增加值14.80亿元，增长6.1%；第二产业增加值212.36亿元，增长16.9%；第三产业增加值61.19亿元，增长10.8%。人均生产总值42473元，增长13.7%。三大产业结构为5.1∶73.6∶21.3，二、三产业比重比上年提高0.2个百分点。非公有制经济增加值19.46亿元，占生产总值的比重由上年的66.5%提高到67.5%左右。①

区位情况。位于河南省西北部，北依太行山，与山西省晋城市毗邻；南临黄河，与古都洛阳市隔河相望；西踞王屋，与山西省运城市接壤；东临华北平原，与焦作市相连，自古有"豫西北门户"之称。在区位上是沟通晋豫两省、连接华北平原和中西部地区的枢纽。在全国经济布局中具有东引西进、南下北上的有利条件，有着十分重要的战略地位和良好的区位优势。

气候状况。属中温带大陆性季风型气候，其特征是：春季温暖多风，夏季炎热多雨，秋季天高气爽，冬季干冷少雪。济源市山区面积大，地形复杂，气候多样，呈区域或立体态分布。平原区光热水三要素配合协调；沿太行山南麓有逆温存在；西北部深山区温度低而不寒，光照随地形的不同而有差异。

交通条件。发达的交通，奠定了区域性中心的重要地位。焦枝铁路、侯月铁路在济源境内交汇，各类货运站8处。207国道、济新公路、济阳公路穿境而过。高速公路形成十字框架。济源距

---

① 河南统计网：http://www.ha.stats.gov.cn/hntj/index.htm。

郑州机场仅有一个半小时的车程，距洛阳机场不到一个小时的车程。四通八达的交通网络，极大地提升了济源的战略地位，济源已成为豫西北、晋东南的区域性中心城市。

资源状况。山岭平川兼备，土地肥沃，气候温和，适宜多种农作物和动植物生长和生存。全市动植物资源3200余种，动物中的猕猴、金钱豹、大鲵，植物中的红豆杉、连香树、银杏等均为国家或省级保护的珍稀动植物。矿产资源丰富，矿产种类较多，主要有：煤、铁、铜、铝矾土、石英石、白云石等，目前已查明各种金属、非金属、能源、水气等矿藏41种，探明储量有19种，已开发利用的16种。旅游资源十分丰富，盘古开天、女娲补天、黄帝祭天、黄帝战蚩尤等众多传说就发生在这里。王屋山为古代九大名山之首，五龙口景区活泼可爱的猕猴达3000余只，小浪底水库呈现北方千岛湖景观。

文化渊源。济源因系济水发源地而得名，历史文化源远流长，夏二世曾在此建都，史称"原"。隋开皇十六年（596年）设县，距今已有1400余年的历史。境内文物保护单位达260余处，其中国家级3处、省级14处，文物总数量列全省各直辖市第二。

根据"十一五"规划，到2010年，济源将成为全国重要的铅锌工业基地、电力能源基地、矿用机电产业基地和河南省重要的煤化工基地。

济源市丘陵山区面积占全市总面积的80%，水域面积98平方公里，耕地面积50万亩；总人口66万，其中农业人口46万。①

近年来，济源市农业发展以结构调整为主线，突出四个特色：特色农业、绿色农业、观光农业、科技农业，重点培植六大基地：优质粮食基地、优质畜产品基地、无公害蔬菜基地、优质果品基地、优质烟叶基地，大力推进了农业产业化进程。

---

① 济源市人民政府网站：http://www.jiyuan.gov.cn/。

（二）中原城市群城市功能定位

在确定中原城市群各城市的功能定位之前，必须搞清楚中原城市群的城市体系基本架构，即构建以郑州为中心、洛阳为副中心，其他省辖市为支撑，大中小城市相协调，功能明晰、组合有序的城市体系。

2010 年，预期郑州、洛阳两市中心城区人口规模分别达到400 万人以上和 260 万人；开封、新乡、焦作、平顶山 4 市人口规模超过 100 万人，进入特大城市行列；许昌市人口规模超过 80 万人、漯河市超过 60 万人，进入大城市行列；人口规模超过 20 万人的中等城市达到 11 个，人口规模 20 万人以下的小城市 31 个。

2020 年，预期郑州市中心城区人口规模突破 500 万人，成为全国区域性中心城市；洛阳市中心城区人口规模达到 350—400 万人；许昌、漯河两市也进入特大城市行列；济源、巩义、偃师 3 市进入大城市行列；城市群体规模进一步发展壮大，与周边城市实现融合发展。

李芸认为，城市功能定位"是研制现代城市发展战略的前提和基础，也是城市总体战略的核心组成。一个成功的城市功能定位，事实上便意味着研究城市发展战略成功的一半。城市功能定位，首先需要对该城市原有城市的各种功能定位和发展政策进行科学预测，提出相应的城市发展目标、指标，最后根据新的功能定位，提出有针对性和可操作性的战略对策建议"。[①]

事实上，"城市功能的本质定位是发挥区域中心的集散功能，集散功能是指现代化城市对特定区域内经济社会等要素或资源的集聚和辐射，它是中心城市对周边地区在能量交换上的吸引和扩散。城市集散功能具体又体现为人口、生产、贸易、资本、交通、科技、文化和信息等多方面；人口集聚表现为中心城市产业高度

---

① 李芸：《江苏社会科学》，2000 年第 5 期，第 106—110 页。

密集，比其他城市能提供更多就业机会和较高的收入，吸引着大量人口的汇集。世界上主要的中心城市无一不以高度密集的人口规模体现出来"。①

城市功能即城市职能。不同的学科从不同的着眼点，对城市功能概念有不同的理解。城市经济学认为，城市的产业和主要功能在于拥有规模经济效益；文化人类学强调城市功能在于对人类文化的保全、整合、传递乃至创造；城市社会学的功能主义分析模式将人类社区视为一个整体，城市社区的各种制度、规范以及习俗相互配合，以维持城市生活的协调进行；城市管理学提出城市功能主要体现在其所具有的承载体、依托体、中心主导性、职能特殊性等方面；城市地理学和城市规划学认为，城市功能指某城市在国家或区域中所起的作用或承担的分工；从经济基础理论来看，一个城市的全部经济活动包括基本部分和非基本部分，其中城市功能的着眼点是经济活动中的基本部分。城市功能体系具有复合性、等级性、动态性、内部复杂性、空间具体性的特点。②

城市定位则是在对城市自身优劣势、区位条件、外部环境等进行深入分析的基础上，通过确定城市在区域当中的位置，使城市获得更大城市竞争力的过程。"定"指确定区域范围和确定区域中城市的位置；"位"不仅指空间位置，还包括经济区位。定位有三个特点：综合性、前瞻性和主导性。③

定位理论最早出现于1969年6月的美国《工业营销》杂志上，并最早应用于广告营销界，随着实践的验证和定位理论的逐渐完善，定位成为市场营销、现代广告的核心策略之一，定位观

---

① 李芸：《江苏社会科学》，2000年第5期，第106—110页。

② 高宜程、申玉铬、王茂军、刘希胜：《城市规划》，2008年第10期，第21—25页。

③ 同上。

念也逐渐广泛应用于经济、政治、生活等不同领域。20世纪末，定位理论开始应用于城市功能定位。

如果用框架模型来表述，城市功能定位的过程可以表示如下：

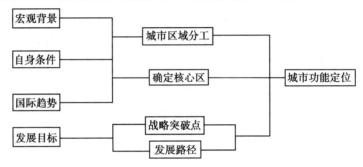

图3-1　城市功能定位过程图

上图说明：

第一，通过对城市发展过程中所面临的宏观背景分析，结合城市的特点，为城市功能定位奠定基础；

第二，对城市发展的自身条件资源及趋势进行深入分析，包括经济、政治、文化、社会发展、自然资源及环境现状等，确定城市的区域分工及核心区；

第三，对国际城市群发展的现状及趋势进行深入分析，吸取其经验、教训、对城市功能定位提供有益的借鉴；

第四，确定发展目标，找出其发展的战略突破点及路经，达到科学、合理地确定城市功能。

总之，城市功能的定位过程，是在宏观背景、自身条件、国际趋势、发展目标等条件的约束下，根据城市区域分工、确定核心区、找出战略突破点、确定发展路径等，来最后确定城市的功能定位。

根据城市功能理论，城市功能定位是确定现代城市发展战略的前提和基础，也是城市总体战略的核心组成部分。城市功能的本质是发挥区域中心的集散功能，即指现代城市对特定区域内经济社会等要素或资源的集聚和辐射，它是中心城市对周边地区在能量交换上的吸引和扩散。城市的集散功能，具体又体现为人口、生产、贸易、资本、交通、科技、文化和信息等多方面；人口集聚表现为中心城市产业高度密集，比其他城市能提供更多的就业机会和较高收入，吸引着大量人口的汇集。根据城市功能定位可将城市分为以下几种类型：政治型、经济型、交通型、文化型、旅游型、宗教型。

另外，按照城市的功能特性，即根据城市在经济社会中的地位和作用范围，还可以把城市分为国际性城市、全国性城市和地区性城市。国际性城市是指在政治、经济、文化的某一方面在国际范围内起重大作用的城市。如香港特别行政区是国际金融贸易中心；日内瓦是国际会议中心；伦敦、纽约、上海等都是国际性港口。全国性城市是指全国范围内的政治、经济、文化中心，或某一个方面的中心，或在某一方面有着举足轻重的作用。如我国的北京、天津、广州等。地区性城市是一省范围的政治、经济、文化中心，或某一方面的中心，如南京、杭州、成都等；还有地区一级范围内的发展中心，如苏州、青岛、温州、连云港等。①

根据城市功能定位理论，结合国家的宏观政策、中原城市群的发展目标及中原城市群各城市的实际，中原城市群九市的功能定位为：

——郑州市：河南省省会，中原城市群中心城市，中国历史文化名城，国际文化旅游城市，全国区域性中心城市，全国重要的现代物流中心，区域性金融中心，先进制造业基地和科技创新基地。

——洛阳市：中原城市群副中心城市，中国历史文化名城，国际文化旅游城市，全国重要的新型工业城市、先进制造业基地，

---

① 李芸：《江苏社会科学》，2000 年第 5 期，第 106—110 页。

科研开发中心和职业培训基地，中西部区域物流枢纽。

——开封市：中国历史文化名城，国际文化旅游城市，中原城市群纺织、食品、化工和医药工业基地，郑州都市圈重要功能区。

——新乡市：中原城市群高新技术产业、汽车零部件、轻纺和医药工业基地，职业培训基地，现代农业示范基地，北部区域物流中心。

——许昌市：中原城市群高新技术产业、轻纺、食品、电力装备制造业基地，农业科技示范基地和生态观光区。

——焦作市：国际山水旅游城市，中原城市群能源、原材料、重化工、汽车零部件制造基地。

——平顶山市：中国中部化工城，国际山水旅游城市，中原城市群化工、能源、原材料、电力装备制造业基地。

——漯河市：中国食品城，中原城市群轻工业基地，生态农业示范基地，南部区域物流中心。

——济源市：中国北方生态旅游城市，中原城市群能源基地和原材料基地。

与现有九市经济关联度较强的周边城市，特别是鹤壁、安阳、三门峡、商丘等市，要围绕中原城市群总体发展目标，积极调整城市功能定位和产业发展方向，加快与九市的融合发展，逐步融入中原城市群。

湖南长株潭"两型社会"改革方案获批

刘　麟

备受关注的长株潭城市群"两型社会"建设改革试验总体方案近日得到国务院正式批准，湖南省将继续完善规划、推进重大基础设施和产业建设，同时在重点领域和关键环节着力推进五项改革。

与长株潭改革总体方案一并获得批准的还有长株潭城市群区域规划。长株潭城市群包括长沙、株洲、湘潭三市，沿湘江呈"品"字形分布，两两之间半小时车程，总面积2.8万平方公里，总人口1310万，经济总量占湖南全省四成多。早在2007年12月14日，国家就已正式批准武汉城市圈和长株潭城市群为全国资源节约型和环境友好型社会综合配套改革实验区。

当前，湖南省将在全面推进长株潭实验区各项改革的同时，突出推进五项改革：一是以探索城市群循环经济发展新模式，建立水权、林权等资源产权交易市场等为重点，创新资源节约的体制和机制；二是以推进生态补偿，开展COD、二氧化硫等污染物排放权交易为重点，创新生态环境保护体制机制；三是以探索实行耕地占补平衡的多种途径、改革农村集体建设用地使用权流转制度为重点，创新土地管理体制机制；四是以建立湖南省与长沙、株洲、湘潭三市及三市之间财税利益协调机制、加大对两型社会建设的财税激励为重点，创新财税体制机制；五是以壮大投融资平台、发展非银行金融机构等为重点，创新投融资体制机制。

根据长株潭"两型社会"改革总体方案，改革目标任务将努力做到"三个率先"：率先形成有利于资源节约、环境友好的新机制；率先积累传统工业化成功转型的新经验；率先形成城市群发展的新模式。改革分三个阶段完成，2008年至2010年为第一阶段，全面启动，重点突破；2011年至2015年为第二阶段，纵深推进，取得明显成效；2016年至2020年为第三阶段，完善提高，发挥示范作用。

长株潭城市群改革总体方案获批前，国家有关部委和湖南已经全面启动了改革实验的基础性工作。国土资源部部署在湖南开展集约节约用地试点，批复了株洲35平方公里重金属污染耕地的处置方案；工业和信息化部对长株潭城市群实施通信同号同费予以支持；交通运输部、铁道部、科技部等部委与湖南省签订了部省共建协议。长沙市在大河西先导区率先实施了"大部制"改革，开展了首批排污权交易点；株洲市启动了城乡公共服务均等化、集体土地流转等试点；湘潭市开展了基础设施建设债券融资、土地征转分离等试点。

资料来源：《经济日报》2009 年 1 月 5 日

四　率先建设形成核心区

中原城市群与武汉城市圈有许多相似之处，具有较大可比性。

湖北长江经济带，是以武汉为中枢，宜昌、荆州、咸宁、黄冈、鄂州、黄石等 7 个大中城市为节点，沿江 25 个县（市）为依托，打造了沿江高新技术、先进制造等产业密集带。湖北欲将长江经济带打造成充分发挥传承和扩散功能，呼应浦东新区建设和西部大开发，成为全流域乃至全国的现代产业密集带和物流大通道。

武汉城市圈，是由武汉及其周边 100 公里范围以内的 8 个城市（黄石、鄂州、黄冈、孝感、咸宁、仙桃、潜江、天门）构成的区域经济联合体（简称"1 + 8"），面积占全省的 31.2%，GDP 占全省的 61.3%。2007 年 12 月 7 日，武汉城市圈获批全国资源节约型和环境友好型建设综合配套改革试验区，成为继上海、天津、成渝后第 4 个国家综合配套改革试验区。

鄂西生态文化旅游圈，包括位于湖北西部的襄樊、荆州、宜昌、十堰、荆门、随州、恩施、神农架 8 个市州（区），其人口总量、版图面积分别占全省 50% 和 70%，是全国重要的生态功能区、最大的水电基地，也是湖北重要的农产品基地和制造业基地。鄂西旅游圈将突出六大核心旅游区："一江两山"（长江三峡观光度假旅游区、神农架原始生态旅游区、武当山道教文化遗产旅游区）、恩施生态旅游区、三国文化旅游区、大洪山历史文化旅游区；打造 5 条精品旅游线路：整合推广魅力三峡之旅、世界遗产三国文化之旅、清江民俗风情之旅、神农故里寻根谒祖之旅和"一帝一江三山"自驾游精品示范线。

湖北打造的"一带两圈"（即湖北长江经济带、武汉城市圈、鄂西生态文化旅游圈）战略发展格局，对中原城市群乃至河南的发展，具有一定的借鉴意义。

对于武汉城市圈的发展，也有专家提出"一核一带三区四轴"战略。

一核，即作为城市圈发展极核的武汉都市发展区。

一带，即以武汉东部组群、鄂州市区、黄石市区、黄冈市区为主体，共同构成的武鄂黄城镇连绵带，这是武汉城市圈城镇化的主体及核心密集区。

三区，即西部仙潜天、西北孝应安、南部咸赤嘉 3 个城镇密集发展协调区，是武汉城市圈城镇化发展的重点和二级密集区，成为城市圈的重要支撑。

四轴，以交通为导向、以城镇为依托、以产业为支撑点的 4 条区域发展轴，以此促进产业空间集聚，成为区域发展的脊梁。四轴均以武汉为起点，分别向鄂东、西部江汉平原、鄂西北、鄂西南发展延伸。东部发展轴辐射九江等外围城市，对接昌九景城市群、皖江城市带，联系长三角城市群；西部发展轴辐射荆州等外围城市，对接宜昌都市区，联系成渝城市群；西北发展轴辐射随州等外围城市，对接襄樊都市区；西南发展轴依托京广大动脉，辐射岳阳等外围城市，对接长株潭城市群，联系珠三角城市群，将作为两湖地区两个城市群的联系纽带，成为中部地区经济长廊和国家级区域发展轴的重要组成部分。

根据武汉城市圈的发展《规划》，可以分为三大功能区，这三大主体功能区主要包括：

重点开发区域，即各市中心城区，京广铁路——京港澳高速公路、长江——沪渝高速公路、杭兰高速公路以及京九铁路沿线部分县市区城区。

其发展方向为：加快工业化和城镇化步伐，承接国际以及我国东部沿海发达地区的产业转移，建设成为全国重要的汽车、新材料、电子信息产业基地，全国重要的科教中心、创新基地和综合交通枢纽。

限制开发区域，即一个国家级限制开发区域（大悟、红安、麻城、罗田、英山、团风、蕲春7县市），两个省级生态型和农业型限制开发区域（省级生态型限制开发区域：阳新、梁子湖流域、孝昌、通城、通山、崇阳6县区；省级农业型限制开发区域：浠水、嘉鱼、应城、安陆4县市）。

发展方向为：以修复生态、保护环境、提供生态产品等为首要任务，不断提高水源涵养、水土保持、维护生物多样性等提供生态产品的能力，因地制宜发展环境可承载的适宜产业，引导超载人口逐步有序转移。

禁止开发区域，主要包括自然保护区、世界文化自然遗产、风景名胜区、森林公园、地质公园等。

对这块区域，则主要实施强制性保护，并引导人口逐步有序转移，实现污染物"零排放"。

规划提出，重点培育联合增长极，调整城镇空间布局。推动城镇向长江、汉江沿线等生态承载力大的地带，铁路、公路等交通干线，以及东、西两个方向等自然条件优越的地区聚集。

规划还提出，将突出小城镇的发展重点，培育特色产业，优化其发展布局。同时，解决好小城镇的发展用地问题，按有关政策，促进撤村并点，迁村腾地，促进村民建房逐渐向小城镇和中心村集中，乡村工业向小城镇工业园区集中。

结合城市圈内经济、资源、环境等要素，将城市圈划分为七个产业协作、功能互补、生态共建和设施共享的综合功能次区域，并要求综合分区发展。

武汉都市发展区：这是武汉未来城市建设的主要区域，包括主城和 11 个新城。其中，主城重点提升现代服务中心功能，集约发展高新技术产业和先进制造业，强化第三产业，逐步推进第二产业向外围地区转移；新城重点发展工业、居住、对外交通、物流等基本功能。

东部沿江城市和产业集聚区：以武汉东部组群及黄石、鄂州、黄冈等大中城市为增长极，推进人口增长和产业集群发展。该区域是武汉城市圈率先融合的区域，是重要的交通走廊。

仙潜天城市与高效农业发展区：是武汉城市圈面向江汉平原的西部发展轴，该区域将注重基本公共服务设施均等化，缩小区域城乡差异。

咸赤嘉城市与水域经济发展区：该区域将以咸宁为依托，以大带小，促进城市和小城镇协调发展。

孝应安城市与生态农业发展区：该区域加大对城镇发展扶持力度，以盐化工、机械工业为基础，承接城市圈核心区的产业转移。

大别山生态保护与绿色经济发展区：在保护和发挥生态功能的前提下，适度发展旅游、农林特产品加工、物流、医药产业及其他生态型产业。

幕阜山生态保护与绿色经济发展区：是保障地区生态安全的重要区域，以生态建设为重点，适度发展生态农业和绿色产业基地。①

"十一五"时期，中原城市群重点依托郑汴洛城市工业走廊和新—郑—漯（京广）产业发展带，率先推动郑汴、郑洛、郑新、郑许之间的空间发展和功能对接，加强巩义、偃师、新郑、长葛等重要节点城市建设，努力形成以郑州为中心、产业集聚、城镇密集的大"十"字型基本构架，确立中原城市群核心区经济一体

---

① 　资料来源：《湖北日报》，2009 年 6 月 11 日。

化发展的空间轮廓。

第一优先推动郑汴一体化：郑汴一体化区域是中原城市群发展的战略突破点，到2020年，这一区域要率先基本实现工业化。这一区域的发展，要突出城市特色，推进功能对接，强化开封的文化、教育、旅游、休闲、娱乐功能，加快郑州的休闲、娱乐等服务功能与开封衔接，努力使开封成为郑州都市圈中具有浓郁文化特色的休闲娱乐功能区，实现郑汴两市功能互补；加快郑汴交通建设，推进城区对接，"十一五"末，在郑州与开封之间形成以两条高速公路、一条一级快速公路、一条城市道路以及陇海铁路为基本骨架的便利快捷的交通通道；促进郑州、开封相向发展，推进空间对接，加快郑东新区建设，适时向东拓展，支持中牟组团和开封杏花营组团加快发展，进一步加强空间联系；统筹产业布局，推进产业对接，突破中牟规划限制，引导郑州的制造业、物流业等产业向东布局，支持开封新上工业、物流、高新技术等产业向西集中；率先推行教育、科技、文化、旅游资源共享和金融、电信同城化，推进服务对接；加强两市间生态共建，推进生态对接，在郑东新区与中牟之间、中牟与开封之间，建设森林、绿地生态调节区，发展都市型农业和观光农业，实现绿化和观光的充分结合。力争"十一五"末，使郑汴两市初步形成基础设施共建、产业互补、资源共享、功能协调的一体化发展新格局。

第二加快郑洛互动发展："十一五"期间，建成郑州至西安铁路客运专线，全面完成连霍高速郑州至洛阳段拓宽改造和310国道郑州至洛阳段一级公路改造升级任务，连同郑少和少洛高速公路及既有陇海铁路形成五条郑洛之间的快速通道。依据郑汴洛城市工业走廊产业布局构架，促进荥阳、上街、巩义、偃师等重要节点城市（区）发育，全面推进郑洛之间的产业布局。重点加强郑洛两市在信息产品制造业、新材料、汽车工业、装备制造业、铝加工业等领域的分工协作，整合科技、教育资源，实现优势互补、共同发展。力争"十一五"末，基本建成上街—巩义—新安铝工业基地、洛阳先进制造业基地、吉利石化工业基地、巩义铝加工园区、偃师轻纺产业密集区、荥阳铝型材工业园区和纺织服装工业园区，培育形成一批特色产业集群。以南水北调中线工程贯通为契机，开发沿线休闲、旅游项目。

第三促进郑新呼应发展："十一五"期间，建成郑州至北京铁路客运专线，全面完成 107 国道郑州至新乡段拓宽改造任务。加快原阳桥北新区建设，加快郑州花园口黄河生态旅游区、新乡桥北—韩董庄区域开发，加快河南省农科院农业生态观光园区建设，把桥北新区至新乡段的 107 国道按郑开大道的标准改扩建，建成新乡至郑州的快速通道。通过现有郑州黄河公路大桥和新建郑州黄河公路铁路两用桥（预留轻轨线路），促进两岸呼应发展，进一步拓展郑州向北发展的空间。逐步展开郑州和新乡之间的产业布局，建成新乡化纤工业基地和造纸工业基地，培育形成新乡电子电池、原阳汽车零部件等一批规模优势明显、特色鲜明的产业集群。

第四密切郑许经济联系："十一五"期间，建成郑州至武汉铁路客运专线，全面完成京港澳高速郑州至许昌段拓宽改造和 107 国道郑州至许昌段扩建改造任务，形成郑许之间的快速通道。积极推动郑州航空港组团发展，促进新郑、长葛等重要节点城市发育。加快实施郑许之间的产业布局规划，重点加强两市在高新技术产业、轻工、食品、烟草等领域以及人才、信息等方面的合作，促进两市协调发展。加强许长产业带发展支持力度，力争"十一五"末，基本建成以电子信息、电力装备制造为主的高新技术产业基地，培育形成长葛铝型材加工、超硬材料等一批特色产业集群。

根据《中原城市群总体发展规划纲要（2006—2020）》，到2020 年，中原城市群 GDP 增长预期目标、中原城市群人均 GDP 增长预期目标、中原城市群城镇化水平预期目标、中原城市群高技术产业占全省比重预期目标分别如下图所示：

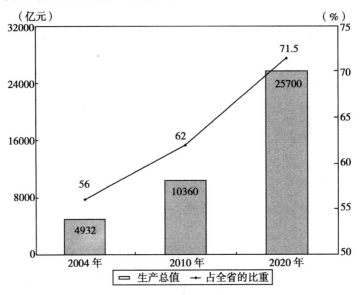

图 3 - 2　中原城市群 GDP 增长预期目标

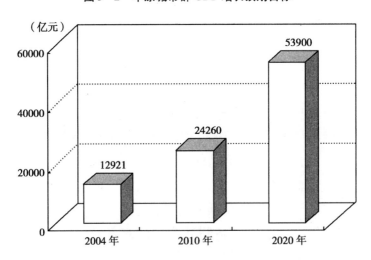

图 3 - 3　中原城市群人均 GDP 增长预期目标

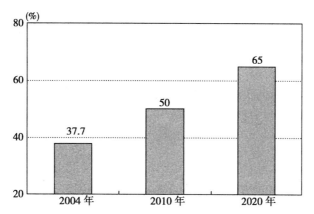

图 3－4　中原城市群城镇化水平预期目标

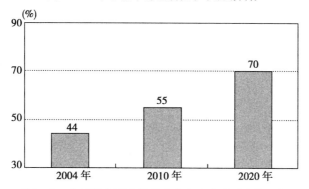

图 3－5　中原城市群高技术产业占全省比重预期目标

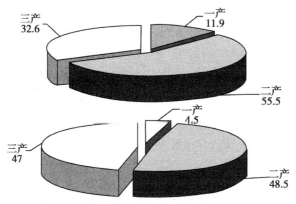

图 3－6　中原城市群产业结构调整预期目标

说明：本版图标数据来自《中原城市群总体发展规划纲要（2006—2020）》

五　中原城市群发展战略的突破点

在中原城市群的发展过程中，郑汴一体化区域则是其先导区与核心功能区，是中原城市群发展的重要战略突破点。这一区域西起京港澳高速，东至开封金明大道，北起规划的豫兴大道（连接郑州北四环与开封东京大道），南至规划的中央大道（连接郑州中央大道与开封宋城路），面积167.12平方公里，其中郑州段约为100.76平方公里，开封段约为66.36平方公里。在行政区域上包含郑州市管城区姚桥乡、中牟县白沙镇、刘集乡、大孟乡、官渡镇和开封市汴西新区及中牟林场部分用地，共有85个村庄，其中，13个行政村，72个自然村，人口9.7万人。在"十一五"期间，该区域建成区面积将达到26.3平方公里，人口规模达到25万人左右。到2020年，该区域建成区面积达到110.08平方公里，人口规模达到116万人左右，人均生产总值超过5000美元，区域非农产业比重超过95%，实现经济转型，在全省率先基本实现工业化。这一重要战略突破点的实现，将极大促进中原城市群核心区的发展，进而带动中原城市群的发展。

中原城市群的核心区包括郑州、洛阳、新乡、许昌、开封5市。经过发展，在"十一五"期间，要初步形成以郑州为中心，东连开封、西接洛阳、北通新乡、南达许昌的大"十"字型核心区，奠定区域经济协调发展的基础。从中长期来看，从大格局来讲，这一核心区的发展，将是中原城市群发展战略的第二个突破点。随着这一核心区域的发展、壮大，中原城市群向北部的鹤壁、安阳，西部的三门峡，东部的商丘拓展趋势和影响力日益明显，对周边省份中的相邻城市的影响力也日益加强。

立体交通体系的建立，是中原城市群发展的第三个重要战略突破点。在中原城市群的发展过程中，要实施交通导向战略，大力发展公共交通，使铁路、公路、轻轨、地铁、航空等多种交通方式协调发展，形成以轨道交通为骨干、常规公交为主体、多种交通方式协调发展的绿色城市交通体系。其中，建设城际轨道交通意义重大。根据规划，郑州到开封、焦作、许昌、洛阳、新乡5市将全部建设城际轨道交通。其中，郑州至开封、郑州至许昌城际轨道交通的郑州市区至新郑机场段拟于2010年开建。郑州至焦作至云台山城际轨道交通2009年开建。郑州至5市的城际轨道交通整个项目拟投资500亿元。纵贯东西的郑州市地铁2009年已开建。除此之外，还应规划建设纵贯郑州市南北的地铁线，形成郑州市的"十"字型城市地铁线。

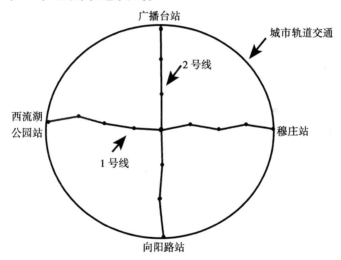

图3-7　郑州市轨道交通规划示意图

上图说明：

第一，横贯东西的1号地铁线，构成郑州市"十"字型地铁线的横轴；

第二，纵贯南北的2号地铁线，构成郑州市"十"字型地铁线的纵轴；

　　第三，围线郑州市的圈层城市轨道交通线，形成一个密闭的环；

　　第四，在"十"字型地铁线的基础上，再科学规划建设地铁3号、4号、5号线，形成"十"字型网状地铁线格局，形成郑州市特有的高效轨道交通线。

　　同时，中原城市群要规划论证建设两个圈层的城市轻轨，即内圈层：围绕郑州市，建设环城城市轻轨；外圈层：建设除郑州、许昌以外的、连通7个城市形成环状的城市轻轨。内圈层解决郑州市交通拥堵问题，外圈层解决中原城市群7个市的互通问题，再加上郑州市"十"字型地铁线、郑州至5市的轨道交通并使之合理延展，将形成中原城市群快捷、高效、舒适的城市轨道交通体系。这一体系的建立，将极大促进中原城市群的发展。

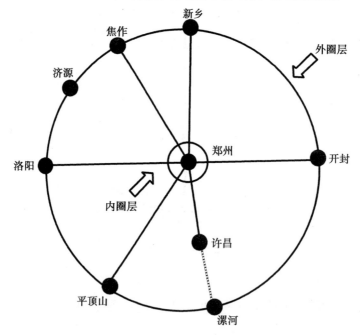

图3－8　中原城市群双圈层城市轻轨示意图

上图说明：

第一，内圈层，即围绕郑州市形成环状城市轻轨线；

第二，外圈层，即围绕洛阳、平顶山、漯河、开封、新乡、焦作、济源 7 个地级市，形成环状城市轻轨线，可以把中原城市群的有关城市有机地联系在一起，有利于形成"大郑州"的战略格局；

第三，积极修建郑州至开封、郑州至洛阳、郑州至新乡、郑州至焦作、郑州至平顶山、郑州至许昌再至漯河的城市轻轨，形成双圈层城市轻轨的骨架。

六　中原城市群中心城市带动发展思路

核心边缘理论认为，在区域经济增长过程中，核心与边缘之间存在着不平等的发展关系，核心居于统治地位，边缘在发展上依赖于核心。因此，对于中原城市群来讲，"十一五"期间，要率先推动郑州与开封、洛阳、新乡、许昌之间的空间发展和功能对接，努力形成以郑州为中心、产业集聚、城镇密集的大"十"字型基本构架，确立中原城市群核心区经济一体化发展的空间轮廓。其中，把优先推动郑汴一体化作为核心区乃至中原城市群发展建设的重要战略突破点。

中原城市群中心城市发展应围绕推进其经济一体化和城市深度集群化，以拓展新的发展空间；以绿心为环境依托，构建绿色大都市区空间秩序；适当调整行政区划；以完善城市公共职能为举措，提高中心城市信任度；加强区域合作与交流，从而大力推进其规划布局一体化、基础设施一体化、产业发展一体化、公共服务一体化、城乡空间一体化、环境保护一体化建设，形成中原城市群深度一体化的大都市区。中原城市群应由若干紧密关联的周边组团构成的多核组团式中心城市构成，发挥中原城市群内区域中心增长极的作用。

（一）强化郑州中心城市地位

叶青等认为，对中心地的一般要求是：以特大城市为中心，以中小城市为次中心；自然条件优良；腹地的交通优良；行政条件优良，即中心或有靠实力形成的影响力，或有国家赋予的影响力；中心地之间有相当距离，位置多在几何图形的重要节点上。好的中心地的特点有：中心地和腹地的经济资源强；中心具有发达的多条"轴线"，即多种方式组成的客货运输线、通讯线、能源线、水资源线；中心地有超强的工业和科技水平；较高的城市化水平。[①]

郑州作为中原城市群的龙头，应张开两翼，南连北拓，加快发展，探索符合科学发展观要求和郑州自身特点的产业结构、发展方式和消费模式，实施立体交通突破战略，推进新型工业化与新型城市化，拓展新的发展空间。

在中原城市群的发展过程中，要把强化郑州中心城市地位作为中原城市群发展的首要任务。要围绕建设全国区域性中心城市，加快建设"现代商都"，全面提升郑州的发展力、辐射力、带动力、创造力、影响力和凝聚力，力争 2010 年全市生产总值占城市群的比重达到或超过 1/3。2008 年，郑州市 GDP 为 3004 亿元，中原城市群 9 市 GDP 为 10562.4 亿元，郑州市占中原城市群 GDP 的比重为 28.42%。2008 年，武汉市的 GDP 为 3960.08 亿元，武汉城市圈的 GDP 为 6972.06 亿元，武汉市占武汉城市圈 9 市 GDP 的比重为 56.8%。[②] 这说明，武汉市的中心城市带动作用比郑州市大得多，是郑州市的两倍。因此，郑州市要借助"集合城市"的力

---

① 叶青、叶跃、俞伟悦：《论中部崛起过程中区域中心角色的角》，《湖北社会科学》，2007 年第 2 期，第 74—79 页。转引自中国人民大学复印报刊资料《城市经济、区域经济》，2007 年第 7 期，第 24 页。

② 根据有关省市 2008 年国民经济和社会发展统计公报整理。

量，加快形成带动区域经济发展的动力源和增长极，更好地发挥中原城市群龙头的作用。

强力推进郑东新区建设。"十一五"期间，全面建成郑东新区起步区和龙子湖地区，基本建成龙湖地区，全面启动拓展区，力争2010年郑东新区建成区规模达到100平方公里，常住人口达到60万人以上。建成省艺术中心、会展宾馆等一批标志性建筑，加快郑州经济技术开发区、郑州出口加工区和规划的加州工业城建设发展步伐，努力在郑东新区形成现代物流、金融商务、文教科研和高新技术产业集聚区。

优化郑州城市发展形态。全面实施中心城区（郑州市8区）组团＋荥阳、上街组团＋中牟组团＋航空港组团＋花园口组团＋卫星城（巩义、登封、新郑、新密四市）的组团式空间发展。明晰城区功能分工，实现新老城区功能互补、协调发展。在重点支持郑东新区向东拓展的同时，加快荥阳、上街组团发展，通过产业和人口集聚，实现荥阳与郑州的空间对接。积极支持航空港组团、花园口组团和卫星城发展，加强与中心城区的快速交通联系，完善城市配套设施，积极承接产业转移，逐步建成与中心城区功能和产业互补、生态和居住环境良好的城市功能区。

提升郑州核心竞争力。充分发挥郑州市的比较优势，把提高产业竞争力作为提升城市核心竞争力的关键，巩固提高第二产业，大力发展第三产业，重点抓好两个中心、两个基地和一个园区建设。"两个中心"，即一是以中原国际物流园区建设为重点，努力把郑州建成全国重要的现代物流中心；二是以郑州金融商务集聚区建设为重点，努力把郑州建成区域性金融中心。"两个基地"，即一是通过优势企业重组整合、重大项目招商、引进战略投资者等途径，努力把郑州建成先进制造业基地；二是以提高自主创新能力为重点，建立开放型的科技创新体系，努力把郑州建成科技创新基地。实施知识产权战略，提高企业自主创新能力。"一个园区"，即打造大学园区，发挥高校人才培养、科技创新、文化传播的功能，提高城市品位。

实施交通导向战略，建立郑州市立体交通体系。随着郑州市的发展，郑州将成为区域性中心城市，在完善常规交通体系的同时，要规划，论证纵贯郑州市南北的地铁和环城城市轻轨。

在中原城市群的发展过程中，要将其打造成高新产业的集聚区、城乡一体化的示范区、适宜人居的新城区和支撑发展的增长极，从而为郑州带动全省、辐射全国、对接全球构筑新的发展平台。

六级城镇

规划将城市圈内城镇分为六级：核心城市、副中心城市、地区性中心城市，县（市、区）中心城市、重点镇和一般镇，不同级别的城镇定位不同，发展方向也有所差异。

其中，武汉市（武汉都市发展区）是城市圈核心城市，它将主要发挥核心增长极作用，成为城市圈的综合服务中心。

黄石市（含大冶）是副中心城市，也是东部区域的核心增长极。它将大力发展服务业，建成辐射鄂东、赣北的区域性物流中心。

地区性中心城市包括鄂州、黄冈、咸宁、仙桃、潜江、天门、麻城等，是沿江产业走廊和区域发展轴的主要经济增长极。

此外，县（市、区）中心城市，将主要作为县（市、区）域的经济、政治、文化中心和综合服务中心；重点镇作为农村地区信息、乡镇企业的重点集聚地；一般镇，则主要为农业、农村和农民服务。

资料来源：《湖北日报》2009年6月11日

（二）适当调整行政区划

鉴于行政条块分割对于发展的制约作用及行政力量对当前经

济社会发展的重要作用，中原城市群每个城市的建设都要根据情况适时调整行政区划。

调整行政区划的思路可以考虑分两步走。第一步是撤县并区，扩展核心城区。"撤县并区"是中心城区和郊县（市）之间相互竞争的必然选择，是从城市区域的角度来选择中心城区可能的城市发展目标。"撤县并区"摆脱了郊县单凭本身的资源和市场，在县（市）范围内独自操作、组织经济活动。

第二步是九市合并，加快一体化步伐。九市合并，即把郑州市、洛阳市、开封市、平顶山、许昌、漯河、新乡、焦作、济源合并为一个城市，成立新的郑州市。中原城市群在区域经济一体化实践过程中，体制性障碍日渐明显并成为难以消除的制约因素。成立新的郑州市，依靠政府行政力量，加大区域发展协调力度，消除行政壁垒，将有效促进生产要素一体化，实现各种资源的高效、优化配置，促进中原城市群的快速发展。

同时，还要加大省直管县的改革力度，加快中原城市群区域发展步伐。

（三）构建交通区位新优势

构建交通区位新优势，就是要建立中原城市群立体交通体系。具体讲：一是大力发展航空运输。二是巩固提升铁路枢纽地位。三是加快建设全国公路交通运输网络枢纽。四是加快郑州东区交通枢纽建设。五是建设郑州市"十"字型地铁线、郑州通五市的城市轻轨线和双圈层城市轻轨线。

（四）提高产业竞争力

加快经济结构战略性调整，大力推进经济增长方式转变，提升中原城市群的整体竞争力。

加快工业结构转型升级。优先发展高新技术产业，以高新技术产业开发区（园区）为载体，加大关键应用技术研发力度，率先培育形成一批优势企业和优势产品群体。

大力发展服务业。突出抓好郑州现代物流中心和郑州区域性金融中心建设，使之成为带动全省服务业发展的龙头。加快物流市场建设，努力实现物流业的跨越式发展。以建设郑州区域性金融中心为重点，增强金融业的竞争力和辐射力。突出中原历史文化特色和生态特点，继续加强沿黄"三点一线"精品旅游线建设，大力发展姓氏文化产业和武术文化产业。调整优化房地产开发结构和布局，引导房地产业与新城建设、旧城改造、历史文化遗迹保护、煤炭沉陷区治理相结合，与城市功能区、公共服务区、新型社区统筹规划开发，大力培育房地产市场主体，完善市场服务体系，进一步改善人居环境。加强信息基础设施建设，大力推进电子政务、企业信息化和农业信息化，提高社会信息化水平。积极发展中介、社区、会展等其他服务业，改造提升传统服务业。力争到"十一五"末，区域服务业增加值占全省的比重达到70%以上。

推进农业现代化。优化农业生产布局，大力发展城郊型农业和高效生态农业。重点抓好专用粮食、棉花、油料、原料林等工业原料基地和黄河滩区绿色奶业带、中原肉牛产业带等特色农产品基地建设。加强农村基础设施和公共服务体系建设，改进农村生产生活条件，提高农村文明程度。通过区域内工业化、城镇化的快速发展，推动社会主义新农村的建设。

（五）建设科教文化高地

充分发挥科技、教育、文化在中原城市群发展中的先导和支撑作用，提高科技创新能力，加快推进教育现代化，大力弘扬中原文化，为中原城市群快速协调发展提供智力支撑。

提高科技创新能力。强化企业科技创新的主体地位，着力提高原始创新能力、集成创新能力和引进消化吸收再创新能力。大力实施知识产权战略，健全技术创新体系，构建以高等院校和科研机构为主的知识创新系统，以企业为主体、产学研相结合的技术创新系统和社会化服务支撑系统。积极推动科技资源整合，建立开放性的人才流动机制，建立共性技术和重大科研设备的共享平台，支持重点科研院所与高校开展联合技术攻关。

加快推进教育现代化。优先发展高等教育和职业教育。继续实施名校战略，尽快把郑大、河大建成全国一流大学，积极支持其他骨干高校发展优势学科，突出办学特色。大力发展民办教育，规范举办独立学院。积极推动师资、科研、基础设施等高等教育资源整合共享，进一步扩大高等教育规模。加快建设一批职业教育基地，努力扩大实用技能型人才培养规模。

大力推进文化建设。积极开展郑州、洛阳、开封文化体制改革综合性试点。大力发展文化产业，集中力量扶持建设省广播电视发射塔等一批综合性、多功能、具有时代特征的标志性文化设施，培育形成一批大型文化企业集团、文化产业基地和特色文化产品生产园区，努力把郑州建设成为全省文化产业的中心和全国重要文化产业基地，把洛阳、开封建设成为具有浓郁古都韵味的区域文化中心，着力打造具有中原文化特色的沿黄文化长廊。

（六）建设全国重要的能源基地

按照集成化、大型化、多元化的原则，加快煤炭、电力、石油、天然气开发建设和输入转化，构建稳定、安全的能源保障体系，提高区域能源保障和输出能力。

（七）创新发展机制

着力破除体制障碍。进一步深化城镇户籍、就业和社会保障制度改革，稳步有序地调整行政区划，在济源、巩义、舞钢等城市化率高、工业实力较强的市县，开展城乡一体化试点。

按照中央的要求，创新发展机制，落实省直管县各项改革措施。

建立健全协调机制，促进区域内资源共享、生态共建、环保同治、产业互补、协调发展。

（八）加强区域合作与交流

郑州作为中原城市群的重要组成部分，要发挥其中心作用，就要主动加强区域经济合作与交流，进一步增强中原城市群的整体实力。

各城市围绕构建中原城市群、打造中部区域增长极的目标，进一步加大经贸活动的合作力度，加强产业分工与合作、基础设施建设合作、环境保护合作，完善交通网络，优化发展环境，促进各城市经济的共同发展。

加强郑州同中原城市群区域外不同城市区域之间的合作与交流。加强郑州与珠三角、长三角、京津冀、武汉等国内大城市群的区域经济合作力度，加大对东部发达地区和沿海开放城市的资金、技术、人才等方面的招商引资力度，积极做好承接东部沿海地区的产业转移工作。

（九）提高生态环境承载力

加强中原城市群的生态环境建设尤为必要。为此，一是加强生态建设。坚持生态保护、生态恢复与生态建设并重，在城市组团间规划建设生态隔离带，合理布局跨区域重大生态工程。二是加强环境治理和保护。三是提高水资源保障能力。四是保护和节约利用土地。五是大力发展循环经济。

（十）建设和谐城市

坚持以人为本，塑造开放多元的都市文化，完善城市服务功能，改善人居环境，健全保障体系，促进社会稳定，努力建设环境优美、繁荣有序、安全文明、充满活力的宜居城区。为此，要塑造城市特色、发展城市个性文化、完善城市服务功能、提高城市管理水平、改善人居环境、加强社会保障体系和道德法治建设。

第四章 中原城市群产业发展模式

产业是中原城市群发展的支撑。在中原城市群的发展过程中，要选好主导产业、合理规划产业带，发挥产业的集群效应。

一 城市群产业分析

（一）产业一般分析

产业是指生产相近替代产品的若干相互联系的企业组成的集合。产业内和产业间的企业不断相互竞争，正是这种相互作用，形成了产业的不断演化发展和升级。

产业的演进对企业的发展和区域整体的发展都具有重要意义。从战略角度出发，对那些能在产业中影响最重要的竞争要素和能够将新结构因素引入竞争前沿的趋势，作为企业家应当及时把握。

产业的相同合作，就是各利益主体为了相同的目的和目标，在一定的时空范围内进行充分有效的协同配合，并产生预期的合作成果。相同合作的前提条件是合作者之间的互信、互补、成果分享以及受益公平。合作基础是目标的统一性以及合作的结果存在"1＋1＞2"的空间。

一体化正在打造中国经济的增长极。一旦行政一体化实现，这个增长极就必然发挥出核心功能，为产业相同的存量经济带来更多合作机会。这为中原城市群的发展奠定了基础。

中原城市群建设必经之路就是产业升级。因为只有升级改造，才能明显降低能耗和减少污染排放。产业升级的过程中，可以通过相关联的产业企业在同一区域的集聚，催生新的产业集群。所以，产业升级整合的过程也就出现了新的合作机遇。

产业的相同竞争，就是各利益主体在低水平重复建设背景下，区域间同行业重复生产导致总量过剩。科斯认为，缺乏统一市场势必造成区域间交易成本扩大，导致产业结构同化，产业相似度偏高，竞争过度激烈，竞争费用、保护成本增大等畸形发展。

城市群产业相同竞争与各地政府有一定关系。由于受传统体制的影响和利益机制的驱使，各城市自成体系，搞"大而全"、"小而全"的现象比较普遍，并且各地人为地加以封锁，制约了城市间合理的经济分工与协作，不利于专业化分工协作的实现，不利于实现规模经济效益。在市场经济条件下，政府由于各利益主体的压力，难以完全摆脱利益驱动，必然会促使或导致相同竞争。因而，相同竞争在某种程度上是由政府导致的。

（二）产业群一般分析

产业群落（industrial clusters），也称产业集群或产业簇群，是美国学者迈克尔·波特在1990年《国家竞争优势》一书中正式提出的。其定义为：在特定的领域中，一群在地理上邻近，有交互关联性的企业和相关法人机构，以彼此共通性和互补性相联结。但波特同时也认为，产业群落的适当定义要视产业所处的竞争区间以及所应用的战略而定。事实上，所谓产业群落，是指相关产业中相互依赖、相互合作、相互竞争的企业，且在地理位置上相对集中。产业群落会随时间而演进，即随主导产业更替而发展。这些产业群落有两个重要特征：积极的企业驱动和良好的经济基础。[①]

---

① 周桂荣、杜凯：《关于重构天津滨海新区产业群落的策略研究》，《科技进步与对策》，2007年第2期，第59—61页。转引自中国人民大学复印报刊资料《城市经济、区域经济》，2007年第4期，第27页。

　　首先了解一下武汉城市圈产业融合的情况。武汉城市圈由省会城市武汉和周边黄石、鄂州、孝感、黄冈、咸宁、仙桃、潜江和天门8市组成，俗称"1＋8城市圈"。从2003年3月湖北省委、省政府把加快武汉城市圈建设作为当年的工作重点到2004年4月省政府发出《加快推进武汉城市圈建设的若干意见》，从2006年4月武汉城市圈建设被中央10号文件列为促进中部崛起的首位城市群到2007年12月国务院批准武汉城市圈与长株潭城市群一道为新实验区，"1＋8"的产业对接一直是近6年武汉城市圈建设的主旋律。

　　由于武汉城市圈的产业融合真正落实到了实处，武汉城市圈在湖北省的龙头带动作用进一步显现。2008年，武汉城市圈实现GDP达6972.06亿元，占湖北省GDP总量11330.38亿元的61.53%，而同期中原城市群GDP占河南省GDP的比重则为57.3%,[①] 说明武汉城市圈在湖北省的龙头带动作用比中原城市群在河南省的龙头带动作用明显。因此，武汉城市圈产业融合的做法，对中原城市群产业集群有重要借鉴意义。

　　卢时雨等认为，产业集群在推动产业技术创新上具有优势，主要通过"产业集群"所产生的临近效应和社会化效应来实现。这两种效应改善了创新信息和创新知识的流动，创造更好的市场竞争氛围，从而减少创新风险，推动创新的进行。而且在集群获得优势后，创新能够通过集群网络的横向和纵向连接，扩展到整个产业链条中，加快在区域内进行知识和信息的交换，带动了相关产业的创新，使整个产业技术创新步调加快，易形成良性的"聚合循环"过程。[②]

---

　　① 湖北统计信息网：http：//www.stats-hb.gov.cn/tjj/。
　　② 卢时雨、鞠晓伟：《产业集群对振兴"东北老工业基地"的作用机理及对策研究》，《现代情报》，2007年第3期，第174—177、180页。转引自中国人民大学复印报刊资料《城市经济、区域经济》，2007年第7期，第40页。

　　国内较早系统研究产业集群的学者是北京大学的王缉慈教授。她最先较为系统地概括了产业集聚、产业集群及新产业区理论，并且用十多个国内外的产业集群案例分析高新技术产业和传统产业不同的集群现象和机理；在对影响我国区域发展的传统理论进行反思的基础上，指出了发展具有地方特色的企业集群、营造区域创新环境、强化区域竞争优势是国家竞争力的关键。目前，国内主要的研究集中在集群的类型和特征、形成机制、竞争优势以及我国区域集群战略和政策等方面。经济学者侧重从外部性、报酬递增、专业化分工、交易费用等理论的角度来阐述集群的形成和发展机制；地理学者更突出在产业的弹性专业化基础上的空间聚集对于区域经济发展的影响；而社会学者则强调非正式的社会关系网络和人际关系网络以及本地的社会文化环境等社会因素的影响。[①]

（三）中原城市群产业集聚区

　　中原城市群的发展，建立产业集聚区尤为重要。从总体上看，河南省产业集聚区已经具备了一定的产业规模，有力地促进了中原城市群的发展。但由于受传统园区发展规模影响及认识上的局限性，还存在不少问题，不能满足工业化、城镇化协调推进和二、三产业融合发展的需要。因此，应切实加强中原城市群产业集聚区的发展。为此，一是要尽快出台加快产业集聚区发展的意见；二是要加强中原城市群各城市集聚区规划工作的规范和引导，严格控制能耗高、污染大、技术低的项目建设，促进集聚区节约、集约发展；三是要培育一批规模优势突出、功能定位明晰、集聚效应明显、辐射带动有力的集聚区，使之成为转变发展方式、提

---

　　① 石碧华：《我国区域产业研究的理论进展》，《广东社会科学》，2008 年第 2 期，第 44—50 页。转引自中国人民大学复印报刊资料《城市经济、区域经济》，2008 年第 7 期，第 16 页。

升产业层次的平台；要解决各类开发区产业层次低、发展水平低的问题，坚决避免农贸市场式的发展；四是要加强指导，拿出规范性意见，充分调动市、县的积极性，在指导和引导中推进中原城市群各地产业集聚区的发展。

中原城市群产业集聚区的发展，要以项目带动。要争取上好项目，上一批有利于结构调整、有利于改善民生、有利于节能环保的绿色项目，争取以项目建设来迅速壮大产业集聚区的实力。同时，还要有创新体制机制。一是创新管理体制，即按照小机构、大服务和精简、统一、高效的原则，科学设置产业集聚区管理机构；二是创新运作机制，即加大市场开发力度，促进产业集聚区投资主体多元化和融资渠道多样化；三是创新开发机制，即加强对外开放、对内协作，创新招商方式，推进战略合作，努力把产业集聚区打造成对外开放的主平台和承接产业转移的主导区。

二　中原城市群产业发展思路

（一）培育四大产业发展带

在立足现有基础、充分考虑未来发展潜力的基础上，结合全省"十一五"时期重点发展的优势产业和国家"十一五"重点规划发展的产业发展带，初步提出中原城市群产业布局的基本架构为：以重要的交通干线为纽带，以城市为载体，整合区域资源，加强分工和协作，通过产业基地化、集群化和园区化发展，带动城市空间布局和城市外围空间形态的变化，努力培育形成郑汴洛、新郑漯、新焦济、洛平漯四大产业发展带。

在此，武汉城市圈推进四大产业的做法，值得我们学习。

据初步统计，武汉市企业和自然人在黄石投资最多，2007 年的投资项目总额达 93.5 亿元。其次是鄂州，投资总额 90.87 亿元。在咸宁、孝感、黄冈投资总额分别为 52.38 亿元、20.1 亿元、

10.2亿元；在潜江、天门、仙桃为6.68亿元、4.5亿元、2.3亿元。

随着城市圈一体化进程加快，圈内产业对接进一步加强。目前，钢铁产业延伸投资到黄石、鄂州。在武钢的重组和支持下，鄂钢两年内投资30多亿元，建设60万吨冷轧薄板等6个大项目。

在化工医药产业方面，产业链延伸到潜江、孝感和鄂州。孝感积极建设给80万吨乙烯项目配套的盐化工原料生产基地，潜江精细化工园吸引了青山化工、武汉有机、武汉化工研究所5.6亿元的项目投资，鄂州葛店医药生产基地成为与武汉对接医药产业的新平台。

在纺织服装及印染产业方面，汉正街有48家服装生产企业、306家商户集中落户于孝感、汉川，武汉印染企业将整体搬迁到汉川新河工业园，仙桃多家纺织企业与武汉市纺织厂配套生产。

在汽车及机械加工产业方面，孝感初步形成汽车零部件产业规模，该市花红光电车灯公司、湖北亚川汽车齿轮集团、三江航天江河橡塑等企业，已与东风汽车公司实现城市圈内配件生产配套[1]。

因此，借鉴武汉城市圈的做法，在中原城市群的发展过程中，要培育四大产业带。

一是重点建设郑汴洛城市工业走廊。按照整体规划、点轴结合、分层推进的思路，以郑州、洛阳两市作为产业、技术、资金、人才等要素高势能的辐射源，以开封、中牟、新密、荥阳、上街、巩义、偃师、吉利、孟津、新安、义马、渑池等12个沿线城市（区）为节点，在开封至渑池之间长约300公里、310国道两侧宽约30公里范围内展开布局。布局的重点：要充分发挥郑州高新技

---

① 夏永辉等：《湖北日报》，《推进城市圈四大产业对接（武汉在圈内投资逾280亿元）》，2008年7月16日。

术产业开发区、郑州经济技术开发区、郑州出口加工区、洛阳高新技术产业开发区、郑州惠济经济开发区、洛阳经济技术开发区、洛阳经济技术开发区红山园区、开封经济技术开发区 8 个现有的国家级和省级开发区在招商引资、产业集聚、促进经济结构优化升级中的主导作用；要依托重点企业和重大项目，规划建设高新技术、装备制造业、汽车、电力、铝工业、煤化工、石油化工 7 大产业基地；要规划建设和积极培育 18 个工业园区及特色产业集群。同时，积极推动工业走廊向三门峡、商丘方向辐射，适时将工业走廊向西拓展到三门峡，努力形成横贯中原城市群东西部，呼应长三角，辐射西北地区，发挥承东启西作用的城市连绵带与产业密集区。

强化郑州、洛阳市区在产业发展中的龙头带动作用。两市市区重点布局高新技术产业和先进制造业。郑州市区重点布局电子信息、软件开发、新材料、生物医药等高新技术产业；洛阳市区重点布局装备工业、新型电子材料和高档建筑材料、有色金属深加工等先进制造业，积极推动装备制造企业向红山园区和洛龙工业区集聚，引导高新技术企业向洛阳高新技术产业开发区和洛阳经济技术开发区集聚，建设先进制造业和高新技术产业基地。

二是加快发展新—郑—漯（京广）产业发展带。该产业发展带规划以轻纺、高新技术、食品产业为主，以卫辉、新乡、原阳、新郑、长葛、尉氏、临颍、漯河等沿线城市为节点，在新乡至漯河间南北长约 250 公里、107 国道两侧宽约 30 公里范围内，重点布局电子电器、生物医药、新材料、化纤纺织、电力装备、超硬材料、食品、造纸、汽车零部件等产业。规划建设高新技术、食品、造纸、化纤纺织 4 大产业基地和 15 个工业园区及特色产业集群。使其辐射鹤壁、安阳、濮阳等豫北地区和驻马店、信阳等豫南地区，努力形成纵贯中原城市群南北、呼应京津冀和珠三角城市群及武汉城市圈、发挥联南贯北作用的产业密集区。

　　三是发展壮大新—焦—济（南太行）产业发展带。该产业发展带规划以能源和重化工业为主，在新乡至济源东西长约120公里，省道309线和南太行旅游公路之间展开布局。重点规划建设煤炭、电力、铝工业、化工、汽车零部件、铅锌加工等6大产业基地和9个工业园区及特色产业集群，连接辐射晋城等晋东南地区，努力形成横亘中原城市群北部区域，呼应京津冀和山东半岛城市群，辐射西部地区的产业密集区。

　　四是积极培育洛—平—漯产业发展带。该产业发展带规划以能源和重化工业为主，以洛阳—南京高速公路、省道、焦枝线中段、孟宝铁路为依托，以豫港龙泉、姚孟、平煤、舞钢、神马、平盐、天瑞、平高等骨干企业为基础，重点布局能源、煤化工、钢铁、盐化工、建材、农副产品加工等产业，向西南连接辐射南阳等豫西南地区，向东连接辐射周口等豫东地区。考虑到该区域资源丰富、优势产业突出、城市工业和县域经济的基础较好，加之区域多属浅山丘陵区，基本农田比重小，宜于集中连片发展工业，从长远来看，随着交通体系的完善和能源重化工基地及农副产品加工聚集区建设步伐的加快，有望成为中原城市群又一产业密集区。

产业空间集聚带

　　武汉城市圈未来的第二产业发展主要依托武汉的沿长江经济带和沿京广经济带两条国家一级经济发展带，强化以武汉为中心，向外辐射的东向、西向、北向、西南四条产业空间集聚带，集聚产业发展区和综合性的工业城镇。

　　东向产业空间集聚带：以青山冶金工业区、北湖新城、阳逻新城和武汉科技新城为主要辐射极，建设武汉—鄂州—黄石—大

沿南太行山，新乡、焦作济源和洛阳产业带

陇海产业带，郑汴洛城市工业走廊

洛阳、平顶山、漯河产业带

沿京广线产业带

焦作　新乡

济源

洛阳　郑州　开封

陇海铁路

许昌

平顶山　漯河

北

京广铁路

中原城市群规划的四大产业带

冶产业空间集聚带。

西向产业空间集聚带：以武汉新区、武汉经济技术开发区为主要辐射极，建设武汉—仙桃—潜江—天门产业空间集聚带。

西北向产业空间集聚带：以吴家山新城、临空开发区为主要辐射极，建设武汉—孝感—汉川—应城产业空间集聚带。

西南向产业空间集聚带：以武汉科技新城为主要辐射极，建设武汉—咸宁—赤壁—嘉鱼产业空间集聚带。

与此同时，着力完善和延伸六条重点产业链，壮大四大产业集群，形成布局合理、分工明确、产业对接、关联性强，产业集中、集群优势明显的区域一体化产业体系。

资料来源：《湖北日报》2009 年 6 月 11 日

（二）规划开发"漯开新"产业发展带

漯河食品产业是支柱产业。漯河市是全省食品工业基地市、无公害食品基地市和全国首家"中国食品城"。已培育出世界第四、亚洲最大的肉类加工企业双汇集团；形成了以肉类加工、粮食加工、饮料加工、蔬菜加工等行业为主导，以分割肉、肉制品、面粉、方便食品、饮料等50多个系列、上千个品种为主题的食品生产加工基地。漯河是全省重要的造纸工业基地。造纸生产能力达到70万吨，形成了文化纸、生活纸、包装纸、特种纸四大系列产品。漯河盐矿资源丰厚，保护完整，已探明盐矿面积77平方公里，远景储量400亿吨，而且盐层多、盐质纯、成分高、氯化钠含量高达98.88%，是全国品位第一，储量第二的大型矿床。近几年，盐矿资源开发力度加大，盐化工发展较快，金大地、永银、奇能等一批盐化工企业相继投资漯河，盐化工业正成为漯河市新兴产业和新的经济增长点。漯河市境内已发现各类文物地点200余处，其中已公布为全国重点文物保护单位6处7项，省级文物保护单位28处30项。

开封是国务院首批公布的24座历史文化名城和我国七大古都之一，是以河南省中原城市群和沿黄"三点一线"黄金旅游线路三大中心城市之一。开封是一座具有悠久历史的文化名城，又是一座承东启西、连南贯北、区位优势独特的城市。开封所辖区域地下资源已探明的石油和天然气，预计石油总生产量为5.6亿吨，天然气储量485亿立方米，现已大量开采利用。煤炭资源埋藏较深，预测可靠储量为77.9亿吨。此外还有丰富的石灰岩、岩盐、石膏等矿藏。开封农副产品资源丰富，养殖业兴旺发达。开封盛产小麦、大豆、玉米、棉花、西瓜、花生、大蒜、泡桐、苹果和葡萄等，是全国重要的小麦、棉花、花生生产出口基地。

新乡是中原城市群"十"字形核心区城市。新乡区位优势明显，具有承东启西、沟通南北的枢纽地位。新乡自然资源丰富，目前已发现和开采的矿藏有 20 余种，其中水泥石岩储量最丰，达100 亿吨；煤炭储量达 84 亿吨；大理石储量 20 亿立方米；白垩土和黏土矿储量均在 2 亿立方米以上。新乡市已初步形成电子信息、生物与新医药、汽车零配件、特色装备制造、食品加工、精细化工六大主导产业和白色家电、新型电池及原材料、化纤纺织、造纸、新型建材、医用卫材等一批特色产业。新乡是全国优质小麦生产及种子基地和商品粮基地，优质粮面积占粮食总面积 82%。

漯河、开封、新乡三市各有优势，规划"漯开新"产业带，有利于这一地区资源整合，发挥承东启西的作用。随着外圈层城市轻轨的逐步规划，在考虑这一区域立体交通体系建立的同时，应重点规划"漯开新"产业带。

（三）中原城市群 9 市产业发展

郑州市。要按照"调高、调优、调新"的思路，改造提升传统产业，大力发展新兴产业和高端产业。在产业支撑体系方面，加快建设全国重要的汽车生产基地、能源工业基地和装备制造业基地，优先发展电子信息、生物医药、光机电一体化、新材料等高新技术产业。在服务业发展方面，整合现有批发市场资源，打造国际化、现代化、专业化的市场体系，加快现货交易市场建设，着力形成若干个在国内外有影响的商品定价中心。

洛阳市。洛阳工业基础雄厚，是新中国重点建设的工业城市，现已形成了装备制造、能源电力、石化、有色金属加工、新材料等五大优势产业。洛阳要加快中原城市群副中心城市建设，大力发展煤化工、生物质能、太阳能光伏、光电、生物制药、节能环保等高技术、高成长产业，加快建设中部地区重要的先进制造业基地和新材料基地。发展文化、旅游、信息、物流、金融等现代服务业，积极促进服务外包、技术研发、采购包装等生产性服务业，构筑现代产业体系。

开封市。开封具有较好的工业基础。近年来，开封加快由老工业基地向新型工业化城市跨越、传统农业向现代农业跨越、文化旅游大市向文化旅游强市跨越，全市经济呈现出又好又快的发展势头，正在成为中原城市群最具活力的经济区之一。

新乡市。新乡已形成制冷、汽车零部件、起重装备、医疗器械、振动机械、电池、纺织七大产业集群。电子信息、生物与新医药、汽车及零配件、特色装备制造、食品、化工六大战略产业迅速壮大。近年来，新乡坚持集群发展，注重结构优化，突出自主创新，走出了一条非资源型城市的新型工业化之路。新乡的发展定位是"一个基地、一个中心"，即打造先进制造业基地、现代农业示范中心。

焦作市。焦作工业基础较好，铝工业、汽车零部件产业已被纳入河南省战略支撑产业的大布局中，生物产业已获批为省高新技术产业基地。目前，焦作正致力于打造国家铝工业基地、汽车及零部件产业基地、煤盐化工产业基地、装备工业基地、食品工业基地和生物产业基地。河南省百户重点企业中焦作有 11 家，河南省 50 户高成长性高新技术企业焦作有 6 家。焦作毗邻晋东南煤海，地下水储量可观，南水北调穿越焦作，被誉为"晋煤焦水、天赐良缘"。西气东输和煤气层开发项目可提供充足的燃气。沿太行山坡地规划了 57.6 平方公里的工业集聚区，土地供应充足。焦作还是中部 26 个比照实施振兴东北老工业基地政策的城市、全国加工贸易梯度转移重点承接城市。

许昌市。近年来，许昌按照"高新技术产业基地、装备制造业基地、特色高效农业示范基地和生态观光区"的发展定位，促进产业合理布局。同时，以更大的力度培育主导产业。做强装备制造、能源电力、食品加工 3 大主导产业，做优电力电子、超硬材料、发制品、烟草等特色产业。在产业集聚方面，许昌决心建设好中原电气谷，打造输电保护、风电光电以及民用电气制造核心区；全面建设和提升 9 个工业聚集区和 20

个特色产业集群。

平顶山市。平顶山目前探明各类矿产 57 种，其中煤炭保有储量 31.59 亿吨，有"中原煤仓"之称；岩盐探明储量 20.9 亿吨，远景资源储量 2300 亿吨，被授予"中国岩盐之都"；铁矿石储量 7.3 亿吨；各类水库 175 座，年均蓄水量达 30 亿立方米，旅游资源单体达 2500 个，居全省第二位。平顶山拥有规模以上工业企业 739 家，大中型工业企业 60 家。平煤集团年产原煤 4000 万吨，是我省最大的煤炭生产企业；舞钢公司是全国最大的特宽特厚钢板科研生产基地；平高集团是全国三大高压开关制造企业之一；天瑞集团是我省最大的新型干洁水泥生产企业。

漯河市。漯河水资源丰富，电力资源充足，拥有全国品位第一、储量第二的特大型盐矿资源。漯河培育了亚洲最大的肉类加工企业双汇集团、驰名中外的南街村集团等一批知名食品企业。年加工生猪 1400 万头，占全省的 23%；年加工转化粮食 400 万吨，占全省的 11%；鲜冻猪肉出口占全省的 90% 以上，占全国的 1/4，正在努力打造集加工、交易、消费、研发为一体的食品基地。

济源市。济源产业优势明显。目前，全市已形成钢铁、铅锌、能源、化工、矿用电器等五大支柱产业，是全国最大的铅锌基地、能源基地、煤化工基地、国家级矿用电器基地和河南省重要的钢铁基地。济源利用山区丘陵，规划建设了 50 余平方公里的工业集聚区；小浪底水库、河口村水库等库容非常大；电力装机容量 450 万千瓦；工业的快速发展培育了一大批熟练劳动力。在今后的发展中，济源应重点扶持以下投资方向：一是鼓励在铅锌、钢铁、化工等方面拉长产业链条；二是大力发展矿用电器、机械加工和高新技术产业；三是支持城市水资源开发、旅游业和现代服务业发展。

新型工业化成崛起主旋律

倪鹏飞　姜　欣

工业是区域竞争力的基石。工业既是财富的创造，也是技术的凝结，是区域的核心竞争力。工业化是经济发展的基本规律，也是繁荣富强的必由之路。改革开放以来，我国的工业发展取得了举世瞩目的成就，工业水平尤其是制造业水平大幅提升，成为全球重要的制造业基地。但是，我国刚刚迈入工业化中期阶段，在面临资源、环境制约日益严重，经济全球化和科技日新月异的背景下，我国不仅要完成工业化的使命，而且必须坚持走中国特色新型工业化道路。

新型工业化是中部崛起的主旋律。中部地区工业化水平目前总体上处于工业化初期的后半阶段，工业化率、城市化水平及人均收入水平均较低。加快推进新型工业化是中部崛起的重要任务；实现中部崛起，关键目标是提前完成工业化。提升中部竞争力的根本途径是增强工业竞争力。中部地区新型工业化、城市化步伐的加快，不仅可以使超过全国30%的人口受惠，生活水平普遍提高，对于完善我国工业、产业体系，形成多方位、新格局的国际竞争优势更具有举足轻重的作用。

中部地区正在发挥工业的基础优势。中部地区煤炭、有色金属等矿产资源极其丰富，是我国重要的能源原材料基地，通过对能源原材料产业的不断优化升级，正把资源优势逐步转化为工业经济发展的优势。中部地区处于工业化、城市化加速推进的发展阶段，粮食等农产品充沛，市场空间广阔，消费潜力巨大，正在将消费品工业培育成为未来重要的增长点；中部地区产业基础雄厚，科教资源充裕，人力资源丰富，正在着力化解科技成果转化的课题，通过机制创新加快发展高新技术产业和现代装备制造业，培育战略支撑产业。

　　形成合力推进新型工业化。从世界各国以及我国其他地区工业发展的经验看，推进新型工业化需要各方形成合力。首先，制定总体发展战略规划，选择重点发展产业；其次，在资金、人才、技术等方面对相关产业和领域进行政策扶持，促进产业发展；再次，做好基础设施建设、完善技术转化机制、发展配套服务业以及开拓海外市场的积极作用不容忽视；最后，各地在吸引投资和落实项目等方面的作用不可或缺。

　　推进新型工业化，中部地区的探索可资借鉴。中部崛起战略实施以来，工业化加速推进，工业增加值实现了两位数的增长，中部各省推进工业化的创新探索值得借鉴。在全球产业竞争日趋激烈、我国经济快速发展以及加快推进的背景下，在发展战略方面，中部各省纷纷提出走"工业强省"、"工业兴省"的发展道路，确立了工业优先发展的战略，大力推进新型工业化。在招商引资方面，抓住千载难逢的机会，千方百计积极承接沿海地区产业转移；在促进科技成果转化方面，实施高新技术成果产业化工程，坚持"整合资金、捏紧拳头、有限目标、重点扶持"原则，通过部门推荐、专家评审、综合平衡、好中选优，选择科技含量高、带动能力强、产出见效快、发展后劲大的科技成果项目给予资金、政策上引导性、开发性、基础性的支持，以帮助尽快实现产业化。

资料来源：《经济日报》2009年4月14日

第五章　中原城市群创新体系建设

城市的活力在于创新，城市群就是城市形态创新的结果。中原城市群要成为高新产业聚集区、布局合理的新型城市连绵区、设施完备的现代商贸物流区、生态良好的旅游区、社会和谐的人性化宜居区，必须重视城市群创新体系的建设。

一　创新与城市群创新体系

每个城市或区域都有区别于其他城市的特性，它既是一个城市或区域获得持续竞争优势和发展动力的重要源泉，也是催生创新成果的内生基因。将发扬城市特色与推进城市创新相结合，建设具有特色的创新城市是一项更加理性、优化的选择。[①]

（一）关于城市群创新

赵愚等认为，创新包括技术创新和管理创新。技术创新不仅仅是技术发明，而是将发明引进工业生产体系之中，使发明转化为创新。管理创新（制度创新）则不能沿袭传统的管理方式，必

[①]　付晓东、余婧：《创新发展的城市与区域经济研究—2008 年〈城市经济、区域经济〉热点综述》。转引自中国人民大学书报资料中心复印报刊资料《城市经济、区域经济》，2009 年第 1 期，第 91 页。

须采用全新的管理模式和方法。[①]

高梅生认为，"创新观念为创新城市管理体制奠定了坚实的思想基础。城市管理现代化关键在于创新，创新城市管理体制的前提是解放思想、更新观念"。[②]

辜胜阻等认为，区域经济文化是一个地区在长期实践中所形成的在创新、创业、合作与竞争等经济问题上的基本价值观，其主要内容包括：创新精神、创业意识、流动偏好、开放思维、合作意识、信用观念。区域经济文化对创新的影响机制的实现途径，一是区域经济文化影响经济活动主体的价值观，影响其创新行为和模式；二是区域经济文化发挥制度上的调节作用，促进区域创新的有效进行[③]。

石忆邵认为，在国外，创新型城市最初是指对城市面临的问题（如交通管理、产业发展、城市生态、种族融合等）提出具有创造性的解决办法，并由此带来城市的复兴。后也指把创新作为驱动力的一种城市经济增长和经济发展模式，并不断融合社会发展的理念和思想。在创新型城市的各种创新主体中，知识创新是城市创新的基础，技术创新是城市创新的核心，制度创新是城市创新的保障，服务创新是城市创新的纽带，文化创新是城市创新的灵魂，创新环境是城市创新的前提条件和载体。同时，完善的

---

① 赵愚、蔡剑英、罗荣桂：《区域可持续发展战略系统的创新与动态调控》，《中国软科学》，2000 年第 5 期、第 118—120 页。转引自中国人民大学书报资料中心复印报刊资料《城市经济、区域经济》，2001 年第 1 期，第 3 页

② 高梅生：《创新城市管理体制》，《经营管理者》，2006 年第 11 期，第 20—21 页。转引自中国人民大学复印报刊资料《城市经济、区域经济》，2007 年第 3 期，第 66 页。

③ 辜胜阻、洪群联、扬威：《区域经济文化对区域创新模式的影响机制研究》，《经济纵横》，2008 年第 10 期，第 16—21 页。转引自中国人民大学复印报刊资料《城市经济、区域经济》，2009 年第 2 期，第 38—39 页。

创新系统是创新型城市的主要特征①。

马晓强等认为，"城市创新"作为城市存在和运行的基本功能，与"创新型城市"完全不同。创新型城市是对城市类型的描述，只有当城市创新资源丰富、创新能力强、创新效益好时，才可能成为创新型城市。由城市创新转向创新型城市是有条件的城市的必然选择，而这些城市成为创新型城市又会进一步强化城市的创新功能，大幅提升城市创新水平。②

赵彦云等认为，目前我国创新资源正在从单一地区的绝对优势发展为多个地区的强势，资源分布趋于合理；创新产出处于快速发展阶段，无论在专利还是在人才培养和价值创造上，基本都处于快速增长阶段；部分发达地区在创新辐射能力方面越来越发挥重要的辐射和带动作用；创新网络尽管还不完善，但网络能力正在蓬勃发展和积极构建之中。③

陆立军等认为，每个城市都有其区别于其他城市的特征，它既是一个城市获得持续的竞争优势和发展动力的重要源泉，也是催生创新成果的内生基因。把发扬城市特色与推进城市创新相结合，建设具有特色的创新型城市，是一项更加理性、优化的选择。④

---

① 石忆邵：《创意城市、创新型城市与创新型区域》，《同济大学学报》社科版，2008 年第 2 期，第 20—25 页。转引自中国人民大学复印报刊资料《城市经济、区域经济》，2008 年第 8 期，第 54—55 页。

② 马晓强、韩锦锦：《由城市创新转向创新型城市的约束条件和实现途径》，《西北大学学报》哲社版，2008 年第 3 期，第 86—91 页。转引自中国人民大学复印报刊资料《城市经济、区域经济》，2008 年第 8 期，第 59 页。

③ 赵彦云、甄峰、吴翌琳：《中国省去市创新能力动态趋势及决定因素》，《经济理论与经济管理》，2008 年第 4 期，第 49—60 页。转引自中国人民大学复印报刊资料《城市经济、区域经济》，2008 年第 8 期，第 45 页。

④ 陆立军、杨志文：《创新型城市的差异化战略：浙江证据》，《改革》，2008 年第 4 期，第 75—80 页。转引自中国人民大学复印报刊资料《城市经济、区域经济》，2008 年第 8 期，第 65 页。

对于城市管理体制创新的措施与建议，高梅生认为应包括：党政主要负责同志亲自挂帅，始终将城市管理纳入政府重要议事日程，科学决策，规范运作；建立部门联席会议制度；科学规划城市基础设施建立；加大投入力度；建立健全规范有效的城市管理体系等。①

（二）创新体系的基本理论

创新包括技术创新和管理创新（制度创新）。美籍奥地利经济学家熊彼特1912年在《经济发展理论》一书中最早提出创新是一个经济学概念。他将"创新"与"发明"、"发现"区别开来，将其定义为在生产体系中引入一种新的生产要素的组合。这种新组合具体包括：（1）引进新产品；（2）引用新技术；（3）开辟新市场；（4）掌握一种新的原材料或半成品来源；（5）实现工业的新组织形式。前四点涉及不同形式的技术创新，最后一点属于组织创新或制度创新。

技术创新理论是人们在熊彼特创新理论的基础上经过长期研究逐步形成的。1951年，梭罗在他发表的《在资本化过程中的创新：对熊彼特理论的评论》一文中，首次提出了技术创新成立的两个条件，即新思想来源和后阶段发展。技术创新是在技术推动或需求拉动的作用下，产生新技术或新产品的构思，经过研究开发或工程设计，进行中间试验，再使产品实现商品化生产，最终实现商品化的全过程。在此基础上，根据现实发展的实际，技术创新的过程可以表述为：

---

① 高梅生：《创新城市管理体制》，《经营管理者》，2006年第11期，第20—21页。转引自中国人民大学复印报刊资料《城市经济、区域经济》，2007年第3期，第68页。

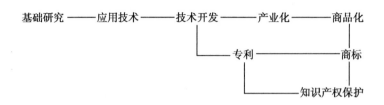

图 5-1　技术创新过程图

上图说明：

第一，基础研究是思想来源和理论基础，在此基础上把新技术应用于实际，进行技术开发；

第二，把新技术产业化，变为产品如商品；

第三，随着世界科技的发展，在进行技术开发的同时，对于已取得的新成果，要及时进行申请专利保护；对开发的新商品，在时机成熟时要及时进行商标注册，总之一句话，要对知识产权进行保护。

管理创新（制度创新）即借助企业流程再造，采用新的管理方式和方法，包括借用信息技术等。对中原城市群来讲，管理创新（制度创新）不仅指企业，也指对城市的管理创新（制度创新）。

20 世纪 90 年代初，以美国哈佛大学商学院教授克莱顿·克里斯坦森（Clayton Christensen）为主要代表的创新专家，通过对磁盘驱动器工业的案例研究，提出了破坏性创新理论。该理论最初主要是针对技术创新的，基本思想是改变原有延续性创新不断提高产品性能，用越来越复杂的高端产品拉动市场需求的创新模式，采用性能差、结构简单、价值低的新产品对原有市场进行破坏。破坏性创新不追求完美，而是寻求一个可行的、有需求空间的创新轨迹。研究给我们的启示是，在创新过程中要寻求可行解、满意解而未必是最优解。

最早提出区域创新体系（RIS regional innovation system）概念

的是库克（Cooke）。他认为，区域创新体系是由在地理上相互分工与关联的生产企业、研究机构和高等教育机构等构成的区域组织系统，而这种系统支持并产生创新。

从体系结构上来说，创新体系主要包括：

第一，创新资源。创新资源包括与创新活动有关的各类人力资源、资金、技术成果及设备等。其中，人力资源是创新的核心资源，而企业家是经济增长的发动机，是这个核心资源的关键。

第二，创新机构。创新机构是创新活动的行为主体。它由企业、教育及科研机构、中介组织和政府组成。一个好的创新体系应该具备充分发育和结构合理的创新主体群，并能充分激发各创新主体的积极性和创造性，促进各创新主体之间的相互协调与联合。

第三，创新机制。创新机制是保证创新体系有效运转的关键因素。创新体系要逐步建立和完善在市场经济基础上的动力机制、激励机制以及公平竞争机制。

第四，创新环境。创新体系的建设要努力创造有利于创新的法律和法规、政府激励政策、信息网络、大型科研设施与创新基地等软、硬环境，并逐步形成良好的外部环境。

第五，知识产权保护。创新的成果包括专利、商标、版权等，创新体系应当包括知识产权保护。

（三）城市群创新体系的界定

城市群是在特定地域范围内具有相当数量的不同性质、类型和等级规模的城市，依托一定的自然条件，以一个或几个特大城市或大城市作为地区经济的核心，借助于综合交通网的通达性，发生或发展着城市个体间的内在联系，共同构成一个相对完整的城市"集合体"。城市群内各城市必须进行经济整合才会发挥"1＋1＞2"的效应。城市群的经济整合，是城市群创新体系建设的目标，城市群通过区域创新体系的建设来实现经济整合。

城市群是一种全新的发展理念、发展思路和发展战略。城市群着眼的是整个区域的发展,以区域整体为单元,城市群强调的是区域内各城市要统一区域规划。

城市群创新的重点在于制度创新。制度创新是城市群发展的重要基础保障,是城市群之间处理经济、社会、人口、资源、环境相互关系的最高表现形式。近年来,我国长江三角洲、珠江三角洲、京津唐地区等城市群集体呼唤制度创新,其中最重要的原因就是,城市群的发展最大限度地充分发挥城市的综合功能,生产力就会有极大提高。但是,由于城市群体之间的相互利益关系,没有在制度层面上形成制度保障体制,这种城市群体之间的生产关系就会成为城市群生产力发展的桎梏。

政府是引领城市群制度创新的主体,事实上起到了决定性的作用,离开了政府的操作,很难想象制度创新会有什么结果。因此,城市群中的各级政府,在城市群发展中,必须处理好战略决策、长远发展、宏观协调三者之间的关系,这就是城市群发展中各级政府对制度创新和制度变迁的价值所在。

在城市群的发展过程中,单个创新型城市若能联合起来进行协同创新,对区域经济发展的推动作用将产生乘数效应,更有益于形成创新型区域,进一步增强区域的国际竞争力、创新型城市之间的竞争和创新型企业之间的竞争。因此,中国的都市圈应着力打造成为创新型区域。① 2007 年 10 月 18 日,长江三角洲地区科协合作联盟正式成立,标志着以沪苏浙"两省一市"科技部门牵头,充分发挥三地 16 个城市科技资源丰富、

---

① 石忆邵:《创意城市、创新型城市与创新型区域》,《同济大学学报》社科版,2008 年第 2 期,第 20—25 页。转引自中国人民大学复印报刊资料《城市经济、区域经济》,2008 年第 8 期,第 56 页。

人才荟萃、专业互补和科协组织网络优势的科技合作交流迈出了实质性一步。这是充分发挥区域优势，促进长三角实现率先发展、科学发展，增强综合实力、创新能力、可持续发展能力和国际竞争力的客观要求，也是尽快把长三角建设成为创新型区域的具体行动。

所谓创新型城市，是依托某种或者某几种资源，在科技、体制、文化、制度、组织、观念等方面单体或者综合的更新与变革，并由此最终会转化为现实社会效益的城市类型。创新型城市的内涵包括：一是其创新超越了城市一般意义上的城市创新功能，更强调创新功能，从要素、创新机制和创新效益等方面均有表现；二是其创新功能需要在一个或者多个方面得以体现，具体包括制度创新、科技创新、文化创新等，这些具体领域的创新功能异常强大；三是在一个或者多个方面的创新通常能够带来产业创新的契机，最终获得较为显著的社会经济效益；四是创新型城市具有程度不同的辐射、带动作用，对周围城市、农村发挥显著的辐射、带动作用，具有示范效应；五是不同层面上创新型城市的内涵有所差异，主要在于创新内容和创新机制以及创新效益的特征差异。创新型城市的一些基本要素包括：一是创新资源；二是创新机构；三是创新机制；四是创新环境①。

二　中原城市群创新体系建设的制约因素

中原城市群区域创新体系目前仍存在许多制约其健康发展的因素。主要包括：

---

① 马晓强、韩锦锦：《由城市创新转向创新型城市的约束条件和实现途径》，《西北大学学报》哲社版，2008 年第 3 期，第 86—91 页。转引自中国人民大学复印报刊资料《城市经济、区域经济》，2008 年第 8 期，第 60—61 页。

第一，行政区划的制约。中原城市群位于河南中部9市地域互相紧邻，市中心彼此相距150公里以内，其间有铁路、公路联系，是全省经济社会发展的核心地域。由于行政区划的独立性和排他性，长期以来，9市的发展基本上是各自为政，其间缺乏广泛的横向联系，城市规划自成体系，区域分工不明显，产业结构趋同化，市场分割，重复建设，造成比较严重的浪费。9市地理位置紧邻的区位优势未能得到有效发挥，难以形成集聚互补的合力。这些问题的根本在于缺乏一个有相当权威的统一指挥协调机构。中原城市群创新体系建设，是一个跨多个行政区域的创新体系建设，总体来说，目前缺乏一个有效的协调组织来加强区域内各市之间的协调和统一，以及培育区域内有利于创新的制度环境。

因此，成立一个独立的，具有综合性、权威性和指导性的中原城市群工作委员会或管理委员会，才可以统筹中原城市群的主要人事任免或项目资金配置；建立统一管理，分级负责的管理机制，至少在中原城市群统一规划、统一国土用地审批、统一财政分配、统一关键人事任免；在制定和协调中原城市群的相关政策和标准等方面，达成共识，取得一致。

第二，产业规划和配套协作不够。中原城市群缺乏一批具有强大竞争力的大企业、大集团，因而行业集中度不高。同时，中原城市群产业虽然具有一定的互补性，但配套度不高，耦合性不紧密，存在重叠和趋同现象。

第三，与其他发达城市群相比竞争力不强。与发达地区相比，中原城市群无论是在经济规模、对外开放水平、产业结构方面，还是居民收入水平指标，与长江三角洲、珠江三角洲、京津冀等其他城市群相比，都有一定差距。中原城市群的整体研究与开发力量相对较弱，投入较低，重点高校较少，各市以地方大学为主，对人才的培养无论在数量还是质量上，都与本区未来发展需求存在较大差距，技术和人才的匮乏，从根本上制约着本区域的发展。真正意义上的区域间市场化的产业分工与合作体系还没有建立起来，在开发区、高新区建设中，产业结构雷同，在吸引外资和开拓国际市场方面，往往出现各城市间的相互重复与低档次竞争。

全面增强自主创新能力

冯子标　　王建功

世界科技发展的实践告诉我们：一个国家只有拥有强大的自主创新能力，才能在激烈的国际竞争中把握先机、赢得主动。特别是在关系国民经济命脉和国家安全的关键领域，真正的核心技术、关键技术是买不来的，必须依靠自主创新。广大企业特别是国有大中型企业应当深刻认识到增强自主创新能力的重要性，不断提高产业和产品的核心竞争力，进一步拓展新的发展空间。

目前国内市场对航空设备、精密仪器、医疗设备、工程机械等具有战略意义的高技术含量产品具有巨大的现实需求，但这些产品目前大都依靠从国外进口。在装备制造业领域，燃汽轮机、核电设备、抽水蓄能水电设备、高速铁路设备、干线飞机、数控加工中心等的制造水平明显低于发达国家，不得不依靠进口满足需要；在高新技术产业，外国公司拥有的知识产权仍占有绝对优势；在通讯、半导体、生物、医药和计算机等行业，外国公司获得授权的专利数也占据了绝大部分。这些产品和技术都反映了当前我国经济社会发展的迫切需要，但是长期依赖进口的局面还没有从根本上改变，国内市场仍然缺乏有效供给。我们的企业要大力推行自主创新，加快改变重大技术装备和高端技术产品依赖进口的局面。

实践表明，通过加快推动自主创新向国内高端技术产品市场进军，积极开发高质量的创新产品和自主品牌，是全面提升企业核心竞争力、保持平稳较快发展的重要途径。

当前，广大企业要通过整合内外部科技资源，积极探索符合企业发展规律的技术创新机制；加紧实施企业知识产权战略，努力形成拥有自主知识产权的核心技术和知名品牌，力争取得更多国家标准和国际标准制订的话语权；要加快体制创新、产品创新、管理创新、市场创新，加大品牌推广力度，降低生产成本，提高经济效益，优化产品结构，加强质量管理，增加有效供给，引领市场、引领需求、引领消费，开辟发展空间。重大装备制造企业要增强研发和创新能力，要以系统设计技术、控制技术和关键总成技术为重点，实行开放式创新，充分利用国外先进技术资源，加大对研究与开发和引进技术消化吸收创新的投入。重大技术引进要有制造、研发和使用单位联合参与，财政金融部门亦应在税收等方面制定鼓励企业增加技术开发投入的政策。

与此同时，也要进一步完善推动技术创新的法律法规，加快实施以自主创新为中心的标准战略和知识产权战略，推进公共技术服务平台的建设，完善以企业为主体、产学研相结合的技术创新体系，促进科技成果产业化。要通过财政政策和金融政策加强引导，进一步加大技术改造力度，利用信息技术改造提升传统产业，在钢铁、有色金属、石油化工、船舶、飞机等原材料、装备制造领域组织开展重大关键技术研制和成套设备集成创新，满足国家经济发展战略和国家重点工程建设的需要。要加强信息产业、生物医药、新材料和航空航天等高新技术研发，提升自主创新能力。要围绕节能减排和环境保护等战略领域，组织推动新技术、新产品研发和应用。要推动高新技术在工业研发设计、生产、管理和流通等领域的广泛应用，改造提升传统产业。这是转变经济发展方式、走新型工业化道路的必然选择。

资料来源：《经济日报》2009 年 7 月 13 日

三　中原城市群创新体系建设的对策

第一，开展科技合作创新，设计新的制度安排。制度创新之所以能促进经济增长和发展，一是扩大了人们寻求并抓住经济机会的自由度，规范和协调了个人和组织的获利行为，从而促使经济活动中的潜在收益变成现实收益，促进经济增长；二是改变制度安排的激励机制和约束机制，提高制度安排的效率，从而使经济组织活动的方式发生改变，影响经济发展的广度和深度；四是能够使稀缺资源得到更优化的重新配置；五是可以使经济发展中收入与财富的再分配更加合理，以调动要素所有者投入的积极性。在中原城市群区域创新体系建设中，9市要打破地域行政区划的限制，从一体化角度来考虑问题。为了促进科研合作创新，应该有"中原城市群"这个总体概念，以"中原城市群"的整体观念开展科研合作。这样做，可以避免科研项目重复和科技资源浪费。

同时，要形成领导有力、组织有序的工作体系。建立高层次的综合配套改革领导机构及其工作班子；制订和完善综合配套改革方案，抓紧研究出台具体的实施方案，按部门分派任务、明晰责任，扎实推进工作；建立责任机制、监督考核机制、强力推进综合配套改革工作；成立若干个专项改革方案研讨小组，负责专项方案的拟订和组织实施。

第二，政府推动以制度创新带动科技创新。中原城市群区域创新体系的建设，要构建廉洁高效的政府服务体系，建设公共服务型政府；理顺区域管理体制，建立起有利于发挥中原城市群整体优势、实现共同发展的运行机制；围绕促进投资、促进产业扩张，转变政府职能，进一步改进政府调控经济、监管市场、服务社会的方式，做到透明、规范、诚信、廉洁、高效。重点把政府职能转变到公共服务和社会管理上来，建立健全与市场经济相适应的行政管理体制。

第三，加大科技创新体系建设的投入力度。从事科技创新，需要一系列的要素投入，集中体现为创新人才和资本的投入；其产出则是各类创新成果，既包括基础研究成果，也包括应用研究成果。当各类成果实现产业化时，则转化为收益和利润。创新成果无论是基础研究成果还是应用研究成果，最终都将直接或间接转化为收益和利润。由此可见，区域科技创新中，要素投入是基础，创新体系是依托，创新成果是目标。创新投入必不可少，没有投入，创新体系将无法建立。在中原城市群的发展过程中，政府要加大对创新活动的投入。在区域科技创新中，政府投入起基础性作用。在政府投入的基础上，要推动企业成为科技投资的主体，因为在创新的各个环节中，企业处于直接面对市场的境地。

第四，统筹规划各类创新主体，提高创新能力。要开展好此项工作，一是要将中原城市群的大学、研究所的科研资源进行优化整合。二是要将9市大中型企业的科技资源进行摸底调查，建立档案，了解各企业研发力量的实力与特长。三是充分发挥9市科技中介服务公司和生产力促进中心的作用。由科技中介服务公司或生产力促进中心搭桥，使各大学、科研院所和各企业工程技术中心或科技开发公司加强联系，使知识创新成果和技术创新成果尽快转化为生产力。在中原城市群的发展过程中，应依托现有的科技优势、管理优势和信息优势，构建区域创新的中心平台，扩大中原城市群对外的研发联系，由此带动河南省其他区域创新体系的建设。

统筹规划产业结构，实现集群式创新。从中原城市群区域内的产业来看，必须加快9市的产业布局调整，通过调整产业布局，在中原城市群区域形成若干个产业链和若干个产业集群，实现集群式创新。在调整产业布局上，全力实施一批重点项目，培植一批龙头企业，创立一批品牌，培育壮大一批优势产业群；同时，还要实施知识产权战略，搞好知识产权保护。

第六章　中原城市群城乡
一体化发展

城乡一体化发展，是改变城市群城乡二元结构的重要战略举措，中原城市群发展的过程必然是城乡相互促进、协调推进的过程。因此，必须坚持把城乡一体化发展贯穿在推进中原城市群发展过程的始终。

一　城乡一体化研究观点综述

促进城乡经济社会发展一体化，是贯彻落实科学发展观的要求。因此，应尽快在城乡规划、产业布局、基础设施建设、公共服务一体化等方面取得突破，促进公共资源在城乡之间均衡配置、生产要素在城乡之间自由流动，推动城乡经济社会发展融合。

石忆邵等认为，"改革开放以来，随着我国城乡经济体制改革的逐步深入，不仅农村劳动力从农业转自非农产业就业的产业转移的规模和速度明显加快，而且从农村转向城镇的地域转移的范围也日益扩大，出现了以市场为导向的农村劳动力大规模跨区域流动，逐步扭转了非农化、工业化和城镇化三者相互脱节的现象，形成了异地城镇化发展的新机制"。[①] 他同时还认为，就地转移和异地转移是农村劳动力转移的两种主要方式。

---

① 石忆邵、王云才：《异地城镇化：新时期中国城镇化的主旋律》，《同济大学学报》（社科版），2006 年第 4 期，第 29—35 页。

谭杨威认为，"城市郊区化是城市化进程中的一个发展阶段，主要是指城市由集聚式发展转变为扩散式发展，表现为市中心和建成区的人口、就业、工业、商业、服务业等先后向郊区迁移，从而构成了景观上和功能上的郊区化"。①

王维认为，"城乡一体化是解决城乡矛盾和缓解城乡差别的有效途径，其实质就是在资源相对稀缺的状态下，通过适当方式促使这些资源在社会不同聚落形态实行最有效地配置与流转。长三角城乡一体化发展可以理解为一个逐步缩小城乡差别，市区和郊区、城市和农村达到协同发展的过程。其本质就是城乡协同作用日益加强的空间经济过程"。②

王丽洁等针对传统规划的弊端，阐述了小城镇规划一方面应向"地—人—地"规划、"反规划"、"二线吻合"的生态规划转变，另一方面应向"规模规划"、弹性规划、分期规划的动态规划转变的思想，进而提出生态规划与动态规划是小城镇规划的优化模式。③

赵之枫等提出小城镇规划要因地制宜，合理利用当地资源，创造小城镇特色，最终把小城镇建设成资源节约、环境美好、社会和谐的可持续发展型小城镇。④

---

① 谭杨威：《广州城市郊区化发展初探》，《广东社会科学》，2006 年第 5 期，第189—195 页。

② 王维：《长三角交通基础设施一体化研究》，《学海》（南京），2006 年第 6 期，第159—163 页。转引自中国人民大学复印报刊资料《城市经济、区域经济》，2007 年第2 期，第43 页。

③ 王丽洁、张玉坤：《小城镇规划的优化模式研究》，《天津大学学报》社科版，2008 年第3 期，242—246 页。转引自中国人民大学复印报刊资料《城市经济、区域经济》，2008 年第10 期，第53 页。

④ 赵之枫、黄婧：《节约型小城镇规划策略研究》，《小城镇建设》，2008 年第3期，第15—18 页。转引自中国人民大学复印报刊资料《城市经济、区域经济》，2008 年第6 期，第52 页。

　　叶玉瑶等认为，生态城市是技术与自然充分融合，人的创造力和生产力得到最大限度的发挥，居民的身心健康和环境质量得到最大限度的保护，物质财富、能量、信息高效利用，生态良性循环的一种理想城市模式。[①]

　　陈秀山等认为，从区域协调发展的新内涵出发，以区域利益协调为主线，实现经济发展过程和社会发展过程两个领域、四大板块、主体功能区、经济圈与经济带三个空间层次的协调，构建五大目标：一是区域比较优势充分发挥；二是区域收入差距控制在合理范围；三是地区基本公共服务均等化；四是市场一体化水平提升；五是资源有效利用，环境生态得到保护和改善，以此推动区域协调发展。[②]

　　胡彬等以长江流域为例，提出长江流域区域空间结构优化重组的主要内容包括：一是要通过制度手段，采取市场化治理措施，弱化城乡与区域之间的要素流动障碍；二是要根据空间结构的具体类型，有侧重地建立与完善城市区域的空间联系机制；三是要积极推进区域空间治理模式与制度创新；四是要发挥航运中心与物流网络流域空间结构的全新组织功能。[③]

　　郑卫等认为，在以往的近郊化阶段，随着城市人口和设施从市中心向郊区的外流，出现了城市的郊区副中心。城市形态的演

---

　　① 叶玉瑶、张虹鸥、周春山、许学强：《"生态导向"的城市空间结构研究综述》，《城市规划》，2008 年第 5 期，第 69—74、82 页。转引自中国人民大学复印报刊资料《城市经济、区域经济》，2008 年第 9 期，第 62 页。

　　② 陈秀山、杨艳：《我国区域发展战略的演变与区域协调发展的目标选择》，《教学与研究》，2008 年第 5 期，第 5—12 页。转引自中国人民大学复印报刊资料《城市经济、区域经济》，2008 年第 10 期，第 19 页。

　　③ 胡彬、谭琛君：《区域空间结构优化重组政策研究——以长江流域为例》，《城市问题》，2008 年第 6 期，第 7—13 页。转引自中国人民大学复印报刊资料《城市经济、区域经济》，2008 年第 10 期，第 30—31 页。

变也进一步证实远郊化的浪潮还在继续推进中。①

顾朝林等认为，推进城市化的制度创新，主要包括以下几个方面：一是行政区划体制创新和调整；二是生产体制改革和现代企业制度确立；三是户籍制度和人口迁移制度变迁；四是土地、住房制度改革，以及土地市场、住宅市场的建立和完善；五是城市建设投资体制改革、金融体制改革、财税体制改革。②

张秀生认为，加快推进武汉城市圈一体化，一要打破行政边界，建立一体化的区域经济系统；二要协调产业政策，促进产业融合；三要实施创新型发展战略，率先由制造经济向创新经济转型；四要创新武汉城市圈生态环境的保护机制；五要推进政府合作，完善区域协调发展联动机制。③

洪银兴认为，由于农村的城镇化，农村与城市间增加了小城镇，这使得城市对乡村的影响力可以通过小城镇来增强和扩散，既起到了放大城市的效果，又使城乡联系进一步加强。农村城镇不仅是吸收农业剩余劳动力的重要场所，也是改造传统农业的载体。④

王忠平在研究最终城镇化目标和最终城镇人口总量问题时指出，我国未来人口峰值大约为 15 亿左右，最终城镇化率可能会达

---

① 郑卫、李京生：《论"逆城市化"实质是远郊化》，《城市规划》，2008 年第 4 期，第 55—59 页。转引自中国人民大学复印报刊资料《城市经济、区域经济》，2008 年第 7 期，第 54 页。

② 顾朝林、吴莉娅：《中国城市化研究主要成果综述》，《城市问题》，2008 年第 12 期，第 2—12 页。转引自中国人民大学复印报刊资料《城市经济、区域经济》，2009 年第 4 期，第 7 页。

③ 张秀生、杨刚强：《武汉城市圈一体化的功能及其发展路径选择》，《科技进步与对策》2008 年第 12 期，第 58—61 页。转引自中国人民大学复印报刊资料《城市经济、区域经济》，2008 年第 9 期，第 45—46 页。

④ 洪银兴：《城乡差距和城乡统筹发展的优先次序》，《当代经济研究》（长春）。2008 年第 1 期，第 38—43 页。转引自中国人民大学复印报刊资料《城市经济、区域经济》，2008 年第 5 期，第 49 页。

到80%左右，那么，我国最终城镇人口总量应为12亿人，农村人口总量应为3亿人。同目前实际相比，需要新增城镇人口6亿人，减少农村人口4亿人。关于实现最终城市化目标的时间跨度问题，其认为，今后时期每年的城市化率控制在1个百分点，最终完成城市化的时间控制在35年左右。关于城市人口密度与城市建设用地问题，他认为，我国的城镇平均人口密度应控制在10000—8400人之间，其中大中城市可适当高于10000人，小城市和镇可适当低于8400人。与此相对应，城乡建设用地总量应控制在20.4万km²—18万km²之间。关于城市规模和城市数量认为，二者之间的互有选择范围应当为：一是建制市的平均人口规模在57万—114万人之间；二是建制市的数量在661—1322个之间；三是建制镇的平均人口规模在1.1万—2.2万人之间；四是建制镇的数量在2万—4万个之间。①

刘新静认为，逆城市化强调的是随着后工业化的来临，人口在从大都市区流向非大都市区的同时，也在大都市区内部由大城市向中小城市流动。②

陈为邦认为，现在我国如果每年保持1%的城市化增长率，就意味着每年新安排1000万以上的农村人口就业。从国家的经济形势看，这是很困难的。国家在《"十一五"规划纲要》中提出5年城市化共增长4%，平均年增长0.8%。这是符合实际的。现在很多地方和城市的安排都远高于0.8%这个平均水平。③

———————

①　王忠平：《我国城市化进程中的宏观调控问题》，《城市发展研究》，2008年第2期，第33—37页。转引自中国人民大学复印报刊资料《城市经济、区域经济》，2008年第9期，第30—32页。

②　刘新静：《郊区化与逆城市化：中国都市群发展的重要模式》，《南通大学学报》社科版，2008年第4期，第16—22页。转引自中国人民大学复印报刊资料《城市经济、区域经济》，2008年第11期，第70页。

③　陈为邦：《中国城市化思辨》，《城市》，2008年第11期，第10—13页。转引自中国人民大学复印报刊资料《城市经济、区域经济》，2009年第3期，第74页。

程开明认为，我国城市化呈现出明显的大城市优先增长态势，要求在加强大城市聚集优势的同时，充分发挥大城市的扩散效应，利用大城市的信息、科技、设施等优势带动中小城市及周边腹地的快速增长，实现大中小城市协调发展，缩小城乡差距，实现城乡一体化。①

王昊认为，环渤海区域经济发展的对策包括：一要建立更高层次的区域协调机制，清除地方保护主义，促进区域"共同市场"的形成；二要鼓励国有企业间的合并重组，继续降低国有经济比重，积极为民营经济发展创造条件；三要建立并完善维护公平竞争秩序的法律法规，促进公平竞争秩序的形成；四要树立服务理念，切实转变政府职能。②

二 中原城市群与城乡一体化发展

城市群发展与城乡一体化发展具有内在一致性，发挥城市群在城乡一体化发展战略中的重要作用，是增强城市对乡村的带动作用，实现城乡诸要素的有序流动，协调城乡发展的必由之路。

（一）城市群发展与城乡一体化发展目标

1898 年，霍华德提出了"田园城市"理论。他为我们描绘了城乡一体化的美好前景：一个中心城市和若干个由农业地带分隔的田园城市共同构成城市群，"田园城市"组成的"社会城市"，"用城乡一体化的新社会结构形态来取代城乡对立的旧社会结构形

---

① 程开明：《我国城市化阶段性演进特征及省际差异》，《改革》，2008 年第 3 期，第 79—85 页。转引自中国人民大学复印报刊资料《城市经济、区域经济》，2008 年第 7 期，第 49 页。

② 王昊：《环渤海区域经济发展的制约因素及对策思路》，《新视野》，2008 年第 6 期，第 27—29 页。转引自中国人民大学复印报刊资料《城市经济、区域经济》，2009 年第 4 期，第 77—78 页。

态"。这正是一个城乡一体化的城市区域。但霍华德设计的田园城市并不是为了消灭城乡差别，而是消极地避开了城市和乡村的缺点，融合了两者的优点，希望实现一种自给自足的生活方式，这并非真正意义上的城乡一体化。

城市群是城市发展的产物，是城市发展达到一定阶段时的城市空间表现形态，是城市发展的成熟性在地域空间上的体现。从发展目标来看，城市群的发展内容包括实现产业整合、市场整合、基础设施整合，并建设区域协调机制等。[①]

城乡一体化发展是指在坚持市场机制在资源配置中起基础性作用的条件下，充分发挥政府宏观调控的作用，打破相对发达的城市和相对落后的农村间相互分割的壁垒，促使生产力在城市和农村之间合理分布，求得城乡经济和社会生活紧密结合与协调发展，逐步缩小城乡差别。

许经勇认为，城市化是一个过程，即变农村人口多为城市人口多的过程，或人口向城市集中的过程；当城市化发展到一个相当高的阶段，还会出现城郊化。城郊化也称后城市化、逆城市化，并不是城市化的真正逆转，而是城市化的延续和深化。这是世界各国城市化的普遍规律；在现实生活中，在城市化推进过程中，集中性城市（大城市）和分散性城市（小城市）交织出现时较为常见的。而反城市化形态则在城市发展后期才会更多出现。之所以会出现城郊化，是因为伴随着城市膨胀，难免会产生大城市病，诸如居住拥挤、交通紧张、环境污染等等。城郊化作为城市化的补充和完善，对城市居民，首先是先富起来的一部分中上等收入者，意味着生活质量的提高和生活方式的优化。城郊化现象的出现，不仅仅是因为郊区土地的比较价格低，以同等支付可以获得

① 刘静玉、王发曾：《我国城市群经济整合的理论分析》，《地理与地理信息科学》，2005 年第 5 期。

更大、更好的住房，而且还在于它远离喧哗的城区，空气新鲜，阳光充足，污染较少，回归自然，不乏田园情趣；所以，城郊化不是城市的降格，而是城市化的提升。①

事实上，在城市化的过程中，城市群发展与城乡一体化发展目标具有高度的内在一致性。城市群作为城市化的主要形态，既是人口向城市集中的过程，又是城市文明向农村扩散的过程。推进城市群发展，是遵循工业化和城市化的客观规律，统筹城乡发展，在区域内形成一个产业整合空间大、市场辐射面广、带动能力强的发展龙头的必由之路，只有充分发挥城市群的核心作用和带动作用，统筹城乡发展才具有坚实的基础和强大动力。只有在城市化条件最好的核心区域，带头实现城乡一体化发展，以经济区划重新整合要素资源，才能超越传统行政区划的弊端，在更高的层次、更大的范围对生产力进行合理布局，产生更大的效益。

（二）城市群为城乡一体化搭建了良好的平台

城市群不是几个城市的简单相加，而是不同类型和不同规模城市之间和城乡之间由资源共享、优势互补所产生的经济社会现象，是大中小城市与区域基面（乡村）之间"结构有序、功能互补、整体优化、共建共享"的有机体系，体现出以城乡互动、区域一体为特征的高级演替形态。城市群不仅存在着城市间的联系，并且城乡之间也发生着紧密的联系，这种联系不仅体现在经济方面，而且反映到社会、文化、历史等多个方面。因此，城市群强调区域整体利益，强调城市和农村的互相依托。农村发展是区域经济发展不可缺少的部分，是城市进一步发展的基础，也是城市群建设要件。

---

① 许经勇：《我国城市化的目标：城乡一体化》，《马克思主义与现实》，2006年第6期，第120—123页。转引自中国人民大学复印报刊资料《城市经济、区域经济》，2007年第3期，第58—59页。

苏南模式在创新中演进

洪银兴

苏南地区从上世纪80年代初率先推进农村工业化、城镇化和市场化，创造了闻名于世的苏南模式。苏南模式不是静止的，而是在创新中不断演进。

科学发展提升苏南经济。科学发展是发展中国特色社会主义的基本要求。这个要求在苏南模式的发展中得到了较为充分的体现。苏州人，依靠科学发展迅速提升了苏南经济。

和谐发展增强苏南竞争力。

首先是先富与后富的和谐。苏南模式的起始阶段特征就是存在集体经济，集体经济的作用就是兼顾到集体富裕。因此苏南模式一开始就是和谐发展的模式。

其次是政府和市场的和谐。在苏南，不仅有政府的强力作用，也有市场的作用。两者协同的关键是，地方政府作用在不同发展阶段的创新都能在作用层次和着力点上保证市场作用得以充分发挥。政府作用的着力点在提供有利于本地经济发展的公共环境，为各类企业发展提供公共平台。这样，既能充分发挥市场经济在提高效率方面优势，又能发挥政府在实现公平正义和社会和谐方面的优越性。

第三是内资和外资的协调。以苏州为代表，外商直接投资的迅猛增加可以说是苏南模式演进的重要标志，苏州走了一条内外资互动发展的道路。外资和民资的和谐发展，使民资得到迅速发展。

第四是经济发展和社会发展的协调。苏州成为经济发展和社会发展协调的地区。在苏南地区，不仅地方财政能力较强，而且企业有较强的自我发展和自我积累的能力。在达到这个水平后政府的财政收入基本上没有继续用于经济发展，而是重点投向社会发展。转向市场经济后，政府的基本职能转向社会发展。市政建设水平，就业水平，物价水平，收入水平，医疗水平，交通通讯状况、社会治安水平、文教水平等等，成为新体制下政府治理能力的重要指标。

资料来源：《人民日报》2009 年 1 月 13 日

三　中原城市群城乡一体化发展存在的问题

中原城市群已成为河南经济发展的引擎。但是，如果放眼于全国，我们会发现，不论是 GDP 总量还是城镇化水平，与沿海发达省份相比，中原城市群的差距依然较大。

第一，区域内部发展不平衡。从区域内部看，困扰中原城市群发展的一个重大问题是城市群内区域发展不平衡十分突出，并且这一现象很有可能持续较长时间。城乡二元结构的长期存在，根源在于由财政税收制度、投资制度等等所构成的二元体制尚未完全打破。

第二，户籍制度改革进展缓慢。严格的城乡户籍分离管理制度，是实行诸多城乡差别制度的基础和前提，也助推了城乡差别的进一步扩大。随着户籍制度改革的深入推进，附加在户口之上的教育、计划生育、医疗、就业、社会保障、赔偿等一系列配套改革亟待突破，而这是现阶段中原城市群各城市无力单独完成的。这就需要加大改革力度，敢为天下先，创造性地做好各项工作。

据报道，最近提交审议的《广东省流动人员服务管理条例（修订草案）》草案规定，将来持有广东省居住证者，在同一居住地连续居住并缴纳社会保险费满七年、有固定住所、合法就业或经营证明、符合计划生育政策、依法纳税并在居住地无犯罪记录的，可以按居住地的有关规定申请常住户口。

在社会各界人士就我国户籍改革事宜呼吁了近十年后，广东的这份草案，应该是最具突破性的计划，它不仅给广东的外来人口带来了平等的曙光，更能为全国户籍改革树立标杆。

　　社会各界之所以关注户籍改革，是因为现有的户籍政策严重滞后于社会和经济的发展。最典型的现象是，一个人在某城市长时间居住，他在那里生活、工作、纳税，但他却无法获得当地的市民待遇，这种权利和义务的不对等，实际上已经违反了宪法所确立的"人人平等"的原则。因此，户籍改革的目的，是惠及尽可能多数人，而非使其变为精英优待政策。

　　当前我国各地纷纷出台户籍改革政策，但鉴于户籍问题涉及公民身份和公民基本权利，是平等原则的具体承载者，因此，这一政策宜由国家统一规定。在这一问题上，尽管地方有其积极性和具体举措，但归根结底，需要尽快通过立法的方式，在国家层面实行户籍制度改革的统一性、完整性与合理性，使13亿中国人能够平等地生活在这片蓝天之下。[①]

　　第三，劳动力市场城乡一体化尚未形成。在很长一段时间内，劳动力市场是一个多重分隔的市场，包括地区分隔、部门分隔和城乡分隔等。这带来了一系列不良后果和影响，如增加了劳动力的交易成本；在增加劳动力就业成本的同时，滋生了腐败、违规行为；造成了进城农民在为城市建设做出贡献的同时却不能享受与城市居民同等的权利；造成了农村劳动力转移困难等等。随着中原城市群发展进程的加快，此项工作应有得力措施。

　　第四，社会保障制度城乡差异依然存在。中原城市群的城市社会保障体系已经基本建立，而大部分农村地区的社会保障制度尚未建立具有可操作性的长效机制，如农村医疗保险，虽说有了新型农村合作医疗制度，但由于操作层面的诸多限制，并没有从根本上改变农民看不起病、吃不起药的局面。

---

　　① 陈杰人：《南方日报》，《广东户籍改革的实质性进步意义》，2009年4月1日。

第五，城乡社会差距仍然存在，农村整体发展滞后。主要表现在：一是在基础设施方面，一些亟需解决的基础设施如乡村公路、农村电网、水利灌溉设施等供给短缺，造成了农民行路难、用电难、用水难等困境。二是在教育方面，城乡教育资源分配失衡，广大农村不能分享城市的优质教育资源。农村教育基本是以农民自己投资为主，而城市的教育则主要是以政府投资为主，城乡教育资源分配的明显失衡更加剧了城乡教育的差距。三是在医疗卫生方面，由于城乡医疗卫生投资的不均衡，乡镇卫生院和村卫生室的规模小，农村医疗卫生水平和体系建设滞后于城市。

维护好发展好农民利益加快推进城乡一体化发展

汤一原　周　奇

破解城乡结合部难题，实现城乡一体化发展，本市北坞村和大望京村改造试点已经取得阶段性成果。试点工作之所以能够顺利推进，在建设过程中坚持维护好、发展好农民的利益是一条根本经验。把土地的利益留给农民，留给村集体，是破解城乡结合部难题、实现城乡一体化发展必须坚持的原则。

上午9时许，当刘淇、郭金龙等市领导第八次来到北坞村，昔日那个人口杂聚、环境脏乱的城中村不见了，一个个破旧的大杂院，在村民签署协议后正陆续拆除。北坞村房屋腾退示意图显示，截至6月29日，北坞村须拆迁腾退的775个院落中，90%已完成确权签订了搬迁协议。村子里，四处悬挂着村委会向村民宣传腾退拆迁政策的标语，拆迁工作正有条不紊地进行，呈现出一片除旧布新的新气象。

看着这一栋栋住宅楼在短短数个月内便拔地而起，刘淇赞许地说，农民的事情农民办，农民的利益农民享，坚持政府主导地位、发挥农民主体作用，是北坞村腾退改造的一条重要经验，我们要在城乡一体化建设中认真总结推广。

城乡一体化建设的另一个试点大望京村，紧邻望京核心区，是首都国门路上重要的形象节点。由于充分发挥了区、乡特别是村级组织的作用，实现了政策透明，维护了农民的利益，改造工作启动后，大望京村仅用 28 天就完成了全村 1692 户村民腾退搬迁协议签订和 25.2 万平方米房屋拆除工作，并实现了全村无一户上访、无一户强拆。这里的拆迁工作从房屋评估、货币补偿到周转房安排，腾退安置中的每一个环节都有专门部门负责，连村民电卡中剩余电费的退还都有专人管。在回迁小区京旺家园沙盘前，市领导仔细察看了小区整体规划、户型设计和环境绿化等情况。小区一期 1060 套房屋中 1050 套已被村民选定，一张张由村民亲笔签名并按有红手印的小区选房表按楼号依次排列，这一做法不但让村民们在选房时一目了然，更通过公示起到了监督作用，使整个腾退工作公开公正。

如今，大望京村原址近 40 公顷建设用地被盘活。根据初步规划，大望京村改造将与 798 艺术区、望京核心区、温榆河功能区和机场高速路沿线产业带统筹考虑。与此同时，在北五环与机场高速交汇口东南侧，将建一处占地 500 亩的绿地公园，为国门沿线增添一处标志性景观。看到这些，刘淇勉励有关负责人说，要进一步解放思想，着眼于区域功能定位，大力发展高端产业，通过推进大望京村的城乡一体化建设，为推动区域经济发展增添新的动力。

通过农民腾退宅基地搬迁上楼、实现城乡统筹发展，既改善了农民居住条件，又增加了产业发展用地，还为农民就业增收提供了新途径。城乡结合部是大有希望的地区，两个村试点的顺利推进证明，通过对城乡结合部的改造，使之成为首都发展新的契机，率先实现城乡一体化发展是完全有可能的。

政府要积极创造条件，让农民的事情由农民自己管、自己办。理顺利益机制是试点顺利推进的前提，试点过程中，农民搬迁上楼、转成居民、参加社保、实现就业、成为集体经济的股东等，所有利益都落到了农民身上，这是拆迁改造工作得到人民群众拥护的根本原因。

对于下一阶段工作，刘淇强调，政府要毫不含糊、百分之百地兑现对农民的承诺。这既关乎政府信誉，又关乎社会稳定，必须确保按时、按要求、按承诺完成。要确保新居建设的质量、进度，把它建成优质工程、样板工程，同时加快道路、水电、垃圾、污水等基础设施的配套建设，创造良好的生活环境；要研究制定集体经济和产业发展的政策措施，统筹解决农民就业增收问题，使农民上楼后有长期稳定的生活保障和可靠的收入来源，解除后顾之忧；规划、土地管理、社会保障等部门要及时调整思路，以改革的意识在城乡一体化进程中不断探索创新，通过试点加快进程步伐，为北京市率先形成城乡经济社会发展一体化新格局作出贡献。

资料来源：《北京日报》2009 年 7 月 3 日

四　中原城市群城乡一体化发展的对策

第一，优化配置城乡资源，增强农村发展活力。城乡一体化发展的关键，在于优化配置城乡资源。优化城乡资源配置，将人才、资金、技术等一系列资源投放在农村，将有力地促进农业产业化的发展，提高农村生产力，促进城乡经济社会发展的一体化。同时，在科学规划和建设用地总量不增加、耕地数量不减少、质量不下降的前提下，积极开展农村土地管理改革和农村集体建设用地流转试点工作。

第二，加强城乡基础设施建设，促进城乡空间一体化。目前，郑州、开封在推进郑汴一体化方面已经迈出了实质性步伐，这对中原城市群城乡空间一体化的构建起到了一定的示范作用。在中原城市群区域，要加快建设和完善贯通城乡、连接周边的交通体系，形成铁路、高速公路、城市轻轨等各类交通布局合理、相互衔接、畅通便捷的交通网络体系。要加快供排水、能源设施向农村拓展，完善农村水利设施，保障农田水利灌溉和饮水安全。

第三，推进城乡产业布局的合理调整和优化配置。实现城乡一体化发展，最关键的是通过城乡产业的融合，推动城乡经济、社会资源的自由流动，实现城乡产业的一体化。要加快打造中原城市群各城市与乡村、工业与农业对接的产业链，提高农业的产业化程度。要统筹城乡产业结构调整，以工业化支撑城市化，以城市化提升工业化，加快工业化和城市化进程，促进农村劳动力向二、三产业转移，促进农村人口向城镇集聚。

第四，妥善解决城乡劳动力就业，完善社会保障体系。建立城乡统一的就业制度和完善的劳动力就业市场，大力发展劳务经济，加快农村富余劳动力向城镇和非农产业转移。稳步推进城乡社会保障体系，依法逐步建立以权利公平、机会公平、规则公平、分配公平为主要内容的社会保障体系，逐步实现社会保障由城镇为主向城乡统筹、由城镇职工为主向覆盖城乡居民转变。中原城市群9市要以统筹城乡就业为先导，带动城乡劳动保障工作不断跟进，建立和完善与经济发展水平相适应的城乡社会保障体系，妥善解决城乡劳动者的社会保障问题。

据报道，京津冀框架协议实现了区域规划"一张图"。2009年5月18日，召开了京津冀城乡规划对接恳谈会。在这次对接恳谈会上，北京、天津、河北规划部门签订了《关于建立京津冀两市一省城乡规划协调机制框架协议》，借此建立和完善京津冀三方在城乡规划方面的协商对话机制、协作交流机制、重要信息沟通反馈机制、规划编制单位合作与共同市场机制，实现区域规划"一张图"。框架协议的主要内容是：建立三方规划联席会议制度，主要研究、协调有关区域交通、重大基础设施、生态环境保护、水资源综合开发利用、海岸线资源保护与利用等跨区域重要的城乡规划，以及影响区域发展的重大建设项目选址，协商推进区域一体化发展和规划协作的有关重大事宜，并提出规划意见和措施；三方在城乡规划的政策和标准规范、规划基础资料和成果、专家和专业技术人才等方面，建立统一的信息库，实现资源共享，为动态掌握三地城乡经济社会发展情况，统筹解决区域发展重大问题提供技术支撑；三方在制定和实施城乡规划过程中，对涉及区域城乡协调发展、需要共同协商解决的有关重大问题，应当及时向其他各方反馈信息；加强对京津冀城乡一体化发展的技术支撑，根据京津冀城乡发展和规划协调的实际需要，三方规划编制单位每年拟定重点规划或研究课题，共同开展规划编制和专题研究工作，在全面放开规划设计市场的基础上，建立京津冀统一的规划设计市场，制定统一的准入标准，共同引进高水平的规划设计队伍和专家在京津冀地区开展规划设计。

为保证京津冀地区城乡规划协调工作顺利进行，三地规划主管部门决定设立京津冀城乡规划协调工作领导小组，下设协调工作组，分别明确分管领导和责任部门，具体负责组织开展相关协调工作。

种种信息表明，以规划为先导，京津冀区域一体化发展已呈豁然开朗之态。① 因此，中原城市群要实现城乡一体化发展，应该很好的借鉴京津冀区域一体化发展的经验。

---

① 李兆汝：《中国建设报》，2009 年 5 月 26 日。

第七章 建立立体交通体系

要实施交通导向战略。城市交通是城市基础设施建设的一部分，对城市发展有着极大的推动作用。在中原城市群的发展过程中，应积极建立立体交通体系。

一 城市交通发展战略

王林认为，城市道路系统包括三个基本要素：一是城市道路，涉及道路长度、面积、密度等；二是车辆，涉及车辆数量、通勤距离、通勤空间转换、通勤频率等；三是城市交通管制系统，它是为解决城市道路系统前两个基本因素的矛盾冲突而设置的，关系到二者能否达到协调，涉及管制技术、管制效率、管制区域、管制密度等。交通拥挤产生的方式一般可以分为三种类型：一是暂时路障，二是永久交通瓶颈，三是随机波动。[①]

高汝熹等在对上海都市圈（此处与城市群概念相同）研究后认为，在交通的便捷性方面，上海都市圈要落后于南京都市圈、杭州都市圈、济南都市圈等。交通联系强度不高将直接影响圈内各成员城市之间人员、物资等的流动，难以实现资源的最优化利用。今后，能否加强圈内各成员城市间的交通基础设施建设，将

---

① 王林：《城市交通拥挤的经济学治理研究》，《理论探讨》，2007 年第 2 期，第 80—82 页。转引自中国人民大学复印报刊资料《城市经济、区域经济》，2007 年第 6 期，第 73 页。

成为制约上海都市圈发展的重要因素。"没有发达的基础设施，就不可能形成以城市为中心的区域经济发展态势。现代高速公路建设大大缩短了城际通勤距离，也拉近了都市圈内城际经济距离。城市立体交通体系的建立，将有利于都市圈的形成。"① 因此，中原城市群的发展必须以此为鉴。

王维认为，基础设施对区域经济发展的影响主要体现在以下几个方面：一是促进中心城市的形成与发展。一般情况下，交通运输网络、通信网络的扩展多是以主干为核心并围绕大的中心城市展开的。基础设施网络的不断扩展将引起生产规模、成本与效益三者之间相互关系的转变，促进城市覆盖的地域范围越来越广、中心城市的腹地越来越大，为其进一步发展提供条件。二是刺激新的经济增长点的增长。交通运输等基础设施网络的不断扩展，使产业发展的条件优于其他地区，成为产业发展的优越区位。三是增强大都市的扩散能力。当中心城市发展到一定阶段时，其产业将逐步向外扩散，一般情况下会向交通条件较优越的地域扩散，如邻近干线的交通方便地区。这种扩散，一方面会加速交通产业带的形成，另一方面又能反过来刺激区域基础设施走廊的强化。②

在中原城市群的发展过程中，必须实施交通导向战略，因为交通是城市发展的先导，城市总是在交通发达的地区率先发展起来的。随着全国空港、海港、铁路、公路、水运网络的发展与完善，在新的交通枢纽、节点上，必然会涌现出更多的新城。在城市群的发展过程中，所谓轴向发展的"轴"，主要是指交通走廊，

---

① 高汝熹、罗守贵：《论都市圈的整体性、成长动力及中国都市圈的发展态势》，《广东社会科学》，2006 年第 5 期，第 189—195 页。

② 王维：《长三角交通基础设施一体化研究》，《学海》，2006 年第 6 期，第159—163 页。转引自中国人民大学复印报刊资料《城市经济、区域经济》，2007 年第2 期，第 42 页。

城市总是向交通轴聚合。交通不发达、经济落后的地区，为推动经济的发展也总是要发展交通，把现代化的交通引入城市。"以交通建设推进经济一体化发展，中原城市群城际轨道交通网、郑州城市快速轨道交通线网纳入国家规划。产业壮大和交通便捷是城市群形成的关键。活力十足、联系紧密的中原城市群提升了河南的区域竞争力。"①

关于城市发展的模式。吴良镛先生在"大北京"规划中提出了"交通轴＋葡萄串＋生态绿化"的发展模式，即沿交通轴，在适合的发展地带，布置"葡萄串"式的城镇走廊，在适当的地点布置科技产业园区等新的城市功能，城镇走廊间留有充足的绿地、阳光和空气，保证生态健全，创造有机的人居环境体系。同时，依据城镇的发展条件，确定"葡萄"的大小和内容，相互串联，逐步形成城镇走廊；同时保持绿色空间系统，从城市美化走向区域美化，保证生态健全，创造有机的人居环境体系。

在发展过程中，根据用地条件和发展可能，形成多组团的"串珠"格局，其间以快速干道连接各组团；同时提供足够的公园、游憩场所，保持人与自然的良好接触，形成宜居环境。

TOD 是指"以公共交通为导向的发展模式（Transit Oriented Development）"，依托轨道交通等大运量公共交通工具，引导城市发展方向；在考虑站点交通功能的同时，通过站点与两侧集合多种功能的综合体整体规划、一体化建设，实现功能互补和土地的集约利用。

中原城市群的近邻——武汉城市圈，近年来非常重视交通事业的发展。据报道，武汉市 1 小时城际铁路网呼之欲出。根据规划，武汉至孝感、武汉至黄石的城际铁路将于 2009 年 3 月率先开建，共 151 公里。2010 年完工后，预计从武汉乘火车至孝感、黄

① 李歆月、党涤寰、陈莹莹：《经济日报》，2009 年 5 月 7 日。

石将分别只需 15 分钟、30 分钟。届时，市民坐火车出行也许会像坐公交车出行一样方便快捷。

武汉铁路资源丰富，现有京广线、武九线、汉丹线、京九铁路及麻汉联络线，2012 年前将建成京广客运专线和沪汉蓉快速客运通道，扩能改造武九线和汉丹线。届时，武汉城市圈内的铁路营业里程将达到 1091 公里，形成一个特大型的铁路枢纽格局。

武汉对城市圈城市辐射功能强大，目前主要靠公路实现交通的紧密联系。据调查，2006 年通过汉宜公路、武黄公路、107 国道等 4 个方向出城的客运量在 1.2—1.8 万人次/日。预测到 2020 年，客运量将达到 6—12 万人次/日，以公路为主的交通方式将无法满足交通需求。①

而研究表明：假设人每公里消耗的能源为 1 个单位，则使用电的高速铁路为 1.3，公共汽车为 1.5，小汽车为 8.8，飞机为 9.8。1 条城际铁路占地仅为公路的 1/8、高速公路的 1/3，却实现了相当于 5 条高速公路的运能。而按每百公里人均能耗计算，轨道交通的人均能耗只是小汽车的 5%。②

面对日益严重的工业污染和剧增的机动车，乘坐城际铁路、地铁已经成为一种值得倡导的"低碳经济"生活方式。交通能源与环境问题是 21 世纪全球面临的重大挑战，大力发展城际铁路，有利于推动"两型社会"的创建和实现区域的可持续发展。

目前，国内外已有不少相当成功的城市圈轨道交通运营案例。在发达国家，城际铁路在城市公共交通中的份额大体占到 35%—50%。在日本，仅东京市郊铁路就有近 2000 公里，每天客流量达 3500 万人次，年客运量约 50 亿人；法国市郊铁路的年客运量达 5.4 亿人，占法国国铁总客运量的 65%；德国在 13 个城市修建了

---

① 孙滨、何孝齐、刘子川：《湖北日报》，2008 年 12 月 17 日。
② 同上。

城市快速铁路，承担了德国铁路总客运量和短途客运总量的 66%
和 74%。[1]

　　鉴于我国大多数城市处于工业化初期和中期阶段，自改革开
放以来，城市化进程骤然加速，国内生产总值连续多年呈两位数
百分比增长，使城市处于快速变动的时期。在这个时期，落后的
交通方式与先进的交通方式并存，城市道路交通设施建设严重滞
后，交通管理方式简单粗放，我国各大中城市的交通堵塞成为普
遍问题，严重影响了城市的运行效率，制约了经济的发展。

　　为有效解决这一问题，上海将形成 500 公里轨道交通网。近
日，上海轨道交通建设指挥部宣布全长 16.4 公里的上海轨道交通
13 号线一期工程正式开工。至 2012 年，待 11 号线完工后，上海
将形成总共 13 条线、237 座车站、总长 500 公里运营里程的轨道
交通基本网络。[2]

　　轨道交通 13 号线工程是上海市城市轨道交通路网规划中的一
条贯通中心城区的"西北—东南"轴向的直径线，也是轨道交通
路网中的一条重要的主干线。

　　轨道交通 13 号线一期工程起点为华江路站，经金沙江西路、
金沙江路、长寿路、天目西路、恒丰路、大田路、石门路，到达
一期工程的终点站南京西路站。

　　线路途经上海市嘉定、普陀、闸北、静安 4 个行政管辖区。
轨道交通 13 号线一期工程共设 14 座车站，沿线与 1、2、3、7、
11、12 号线共 6 条线、5 座站换乘，其中三线换乘站 2 座、两线换
乘站 3 座。

　　此前，全长 21 公里的上海轨道交通 11 号线北段二期工程也已
开工。到 2012 年上海形成 500 公里基本网络后，轨道交通每天可

---

①　孙滨、何孝齐、刘子川：《湖北日报》，2008 年 12 月 17 日。

②　斯小星：《中国建设报》，2009 年 1 月 15 日。

接纳近 800 万人次，占全市公交出行总量的 40% 以上。①

京津冀区域一体化：从交通"破茧"

李兆汝

全长 120 公里、铁路设计最高时速 350 公里、京津间全程直达运行时间控制在 30 分钟内、列车最小行车间隔 3 分钟，于 2008 年 8 月 1 日起开通运营的京津城际铁路，大大缩短了从北京到天津的时空距离。"天津已经成了北京的一个区。"

2009 年 5 月 18 日，京津冀同时就规划、交通和旅游签署的合作协议或备忘录，有望更进一步地加快京津冀区域经济的一体化进程。

京津城际让北京和天津"同城"

现代城市的发展，最大的瓶颈不是人口、建筑或贫富问题，而是交通。在京津冀都市圈规划中，毫无疑问，路网建设是都市圈发展的基础。

长期关注环渤海区域发展的清华大学教授、两院院士吴良镛认为，京津冀之间缺乏有活力的城市功能带，有感于珠三角、长三角城市群的勃勃生机，他先后提出了"大北京"、"新七环"、"首都地区"概念，力主京津冀一体化。

随着京津高铁的开通，这一设想得以落地。"规划了多年的'京津冀一体化'一直不温不火，声音多过行动。直到今年年中，京津城际高速铁路开通，很多人才认为京津冀一体化真的要来临了。""通过京津城际高铁通道，京津密集的人才、信息、技术资源和城市功能都可以更加便捷地向包括滨海新区在内的环渤海区域扩散疏解，进一步释放中心城市优势资源的辐射效应，带动周

---

① 斯小星：《中国建设报》，2009 年 1 月 15 日。

边地区共同发展。"吴良镛院士说。

目前，北京市的 8 条地铁线路最小行车间隔只有两分半钟，而京津城际铁路的最小行车间隔是 3 分钟。从这点来看，京津城际铁路已经实现了高速铁路的公交化运营。在发展"大北京"商圈的背景下，伴随京津城际铁路开通，北京和天津这两个人口超过千万的特大城市，形成了"半小时经济圈"，真正实现了同城化和一体化，可以被看作是一个整体的超级大城市，进行资源整合，实现优势互补。

津冀衔接路网：统一规划、同步实施

不仅仅是京津城际铁路。为进一步完善京津冀大交通体系建设，天津市与河北省公路主管部门共同表示：对衔接路网实行统一规划、同步实施，有力地推进环渤海区域一体化。

备忘录：画圆 900 公里北京大外环？

2009 年 5 月 18 日，京津冀交通一体化合作恳谈会在河北省廊坊市召开。恳谈会上，京津冀三地交通运输管理部门签署交通一体化合作备忘录。根据备忘录，三省市交通运输部门每年至少召开一次京津冀交通合作联席会议，就发展战略和合作领域、发展规划和重大项目实施、区域立体交通的合理配置、不同运输方式的有效衔接、津冀港口的有效竞合、区域交通信息共享以及需要争取的相关政策等重要问题进行研究和协调。

另据了解，河北省交通运输厅、北京市交通委员会决定共同报请交通运输部将"北京大外环"高速公路组成路段的密涿高速列入国家高速公路网规划。这样，加上已纳入建设规划的张涿、京承、京化、张承等其他 4 条"北京大外环"组成路段，一条 900公里的环形高速雏形已完全清晰。

资料来源：《中国建设报》2009 年 5 月 26 日

二　城市交通发展战略的主要任务

（一）城市交通发展战略的含义

城市交通发展战略是对未来城市交通发展趋势的预测和判断，是从宏观上把握城市交通发展的大方向。它是城市交通发展的大局。

城市交通发展战略的制定，必须综合考虑城市社会经济发展、区域环境以及政治环境等诸多因素，并应根据城市自身特点因地制宜地确定城市交通发展的重点与方向：综合性的地区中心城市肩负着带动整个地区经济发展的重任，发展战略必须以加强城市交通辐射功能为重点；工矿城市，货运量大，解决货物运输问题将对经济活动起到举足轻重的作用，应该列为发展战略的重点课题；旅游城市，就要解决交通快速可达性，高速公路与航空交通可能成为发展战略必须研究的重要课题。

总之，交通发展战略既要超越城市本身，在更大范围内考虑交通发展方向，又要服从城市发展战略的需要，服务于城市。

交通发展战略与城市布局密切相关，它既要满足城市各项功能所产生的人流、物流需要，又要对城市功能布局不合理的状况进行反馈与指导，提出城市功能布局的调整战略。

（二）城市交通发展战略的指导思想

第一，改变传统的交通建设是被动的城市配套建设的观念，建立交通建设引导城市发展的观念，发挥交通建设的导向作用，在城市布局调整、产业和人口分布、改造旧区、建设新区等诸方面发挥先导作用。

第二，改变"车本位"观念，树立"人本位"思想。交通的目的是实现人和物的流动。流水线生产车辆的速度永远大于道路交通设施建设的速度，在经济发展快速的城市更是如此。树立

"人本位"的思想就是要立足于优先满足服务大众的公共交通需要，而不是优先满足个体交通的需要，以便更好地落实为大多数人谋利益的目标。

第三，交通战略必须建立"时间与空间辩证关系"的观念。交通效率的提高会节省时间，从而改变人对空间的概念。例如，在古代北京的人们以步行、轿子和马车为交通工具，因此，城镇体系布局也以此为依据，在中心城市外围出现了三里屯、六里桥、八里庄、十里堡、十八里店的布局形态。现代交通工具，时速大大提高，人们的空间概念必然会随之改变，只要单程在1小时内可到达，人们就不必非在工作单位附近居住不可，完全可以选择离城30公里以外、环境质量更好的近郊居住。显然，交通工具的进步给城市布局以更大的灵活性，而交通时间的缩短，使人们对空间距离的感觉也大大缩短了。

第四，交通建设要充分考虑资源与环境的容量，建立一种协调发展关系。

（三）城市交通发展战略研究的主要内容

概括起来，城市交通发展战略要重点解决以下四个问题：

第一，提出城市交通发展的总体目标。必须在充分研究城市现实状况、历史文化背景和城市发展定位等诸多因素的前提下，提出交通发展战略的长远目标与近期目标，制订市民出行质量、货物流通效率、道路运行状况和交通整体环境等方面的发展水平和量化指标。

第二，城市交通方式结构。城市交通方式结构的发展趋势是城市交通发展战略关注的核心问题。交通方式结构说到底就是如何正确地选择私人交通与公共交通的合理比例。私人交通具有灵活、自由等特点，但占用交通用地面积大，特别在中国主要以自行车为私人交通工具的情况下，大大增加了机动车与非机动车交通的干扰问题。公共交通则具有运输效率高、占用交通用地面积小等优点，但是，其灵活性相对较差，服务质量更是不到位，如站距长、车辆间隔时间长、运输速度慢等，这些缺点会使它失去部分吸引力。

根据国外城市交通结构的研究趋势，在机动车大量发展的状况下，我们要在公共交通和私人交通两者以何者为主的问题上作出抉择。从现代城市交通发展的状况看，小汽车大量发展，更多地进入家庭，正以其灵活、快速、方便的优势占据主导地位，使公共交通全面衰落。小汽车的普及，不仅改变了人们的出行方式，而且改变了时空观念。原来1小时的活动半径只有5公里（步行）、15公里（非机动车），现在一下子跳跃到50—85公里，活动范围的扩大引起了市中心区空心化，城市向郊区发展的范围越来越大，改变了城市布局，出现了像洛杉矶那样的"广亩城"模式。小汽车是美国生活的一大特色，也是欧洲、日本在20世纪50—60年代追求的目标。[①]

但是，小汽车的过量发展会导致交通严重堵塞，能源大量消耗，交通废气、噪声、震动、污染城市环境的程度越来越严重。因此，进入20世纪70—80年代，各发达国家的城市又反过来选择发展公共交通，它们甚至发现了经过改进后的轨道交通具有容量大、速度快、对城市干扰少的优势，这逐步成了公共交通的主要方式。例如，德国于20世纪60年代在全国20多个城市全面改造了有轨交通系统；70年代后开始大规模修建地铁。日本从20世纪70年代开始，首先考虑了轨道交通系统，又综合布置调整了道路及其他交通方式，依靠交通干线在大城市及其影响地区范围内组成了多中心结构体系。地下和高架的轨道交通承担了城市60%的客运量，大大减轻了道路的总交通量和交通公害。[②]

---

① 董光器编著：《城市总体规划》，东南大学出版社2007年第2版，第211页。
② 同上。

　　中国人多地少，不可能选择以小汽车为主的交通模式，只能选择以公共交通为主的结构模式。但是，根据不同城市的经济发展水平、不同的地形和气候条件、不同的城市发展规模，城市交通发展战略的近期与远期目标还可以有三种不同的选择：一是以公交和自行车并举的交通方式结构，即自行车与公交车在各自的范围内都有各自的优势，相互衔接，合理并存。二是以公交为主导的交通方式结构。以地面公交为主，逐步取代自行车，使之成为城市交通的主导。三是大力发展轨道交通，确立以公交为主导地位的交通方式结构，公共汽（电）车已难以承担大运量客运需求，轨道交通是公共交通的骨干。从我国城市的发展状况看，城市规模不大、经济发展水平不高的城市可能以第一种选择为宜；经济发展水平高、城市规模大的城市应该选择第二种或第三种，也有可能是近期选择第一种，远期逐步向第二种、第三种过渡。

　　第三，制定完善的城市交通政策。城市交通政策是在一定的城市交通战略控制之下，由政府部门制定的用于指导、约束和协调城市交通的观念和行为的总则。城市交通战略指明了城市交通发展的方向，城市交通政策则提出了实现交通战略目标的手段和途径。交通政策的制定虽然要服从于城市交通发展战略，但它本身又是一定经济社会环境下的产物，不同的背景条件就有不同的政策需求。

　　协调各种交通方式的发展，逐步形成合理的城市交通结构，是城市交通政策的核心内容。交通政策根据城市交通发展的战略目标，确定各类交通方式的导向性政策，并指出各类交通工具的发展方向、确定各类交通工具发展的阶段目标、制定保障各类交通工具发展的具体措施。交通工具的导向性政策将直接影响到城市交通建设。例如法国巴黎在蓬皮杜总统时代，就提出了鼓励发展私人小汽车的政策，强调交通建设要适应小汽车的发展，高等级的道路规划建设成为那一时代的基本特征。而我国的上海等特大城市都提出了大力发展公共交通的政策，城市交通建设的重点逐步转向了轨道交通。城市交通政策涉及的内容非常广泛，除了制定交通工具的导向政策之外，为保障交通发展战略目标的实现，也应在规划、投资、财税和管理诸多方面制定相应的政策。

第四，努力实现交通管理现代化。与信息时代的社会经济发展所要求的高效、有序、安全的交通环境相适应，加强交通管理信息化与智能化的研究，提高交通管理设施水平，更有效地调节交通流向，均衡交通分布，提高城市交通效率，已成为交通发展战略必不可少的内容。

科学发展树行业标杆改善出行
利民众生活

栾　姗　汪　军

2006 年 8 月，河南省交通厅、建设厅等有关部门研究提出初步方案：由经营原线路的交通企业郑州交通运输集团有限责任公司和开封汽车运输总公司，共同融资 500 万元组建"河南神象城际客运公交有限公司"，实行独立经营，从事郑州、开封两地间城际公交客运。

2006 年 11 月 19 日，郑开大道正式通车，郑开公交也随之开通，这标志着中原城市群建设中的重要一环，即郑汴一体化、乃至大郑东新区建设迈出了实质性步伐。

在郑开城际公交开通一周年之际，河南神象公司制订了省内城际公交"九城联动"的计划：以郑州为"圆心"，辐射四周，开通至许昌、新乡、焦作、洛阳、漯河、平顶山、济源的城际公交，实现河南省内 9 城市互通互联的公交网络，推动河南省经济快速发展，满足人民群众享受低票价、快节奏、高档次服务的出行需求。

2009年1月1日，郑州至新乡城际公交正式通车，全程运距82公里，让黄河两岸人民感受到了公交出行的方便、实惠。年内将再开通郑许和郑焦城际公交，目前开通前的筹备工作正在洽谈和运作当中。郑州至许昌城际公交开通后，将途经新郑、长葛、走107国道等到达许昌，郑州至焦作城际公交开通后，途经武陟等到达焦作。

根据计划，这9条线路开通后，所有公交票价有望较现行长途客运票价降一半，采用统一车型，营运车辆全部安装GPS信息监控系统，为乘客出行保驾护航。

城际公交的开通，无疑会给市民带来便利，长期以来难以根治的"黑客运"也将随之被挤出运营市场。城际公交的开通，从某种意义上讲，将是郑州对河南中原城市群"龙头"角色的精彩诠释。而"同城化"的意义则在于建立一个真正的城市群体，因为世界上是以城市群来体现竞争力的，更紧密的城市群有利于更好地实现经济互补、共同发展。

城际公交作为具有惠民的公益性、为民的公共性的新生事物，改变了以行政区域限制公交运营的做法，利于运输资源优化配置，促进中原城市群经济带的形成，相信城际公交的发展在中原崛起中发挥着更大的作用。

资料来源：《河南日报》2009年4月8日

三 构建交通区位新优势

要构建中原城市群交通区位新优势，必须立足于巩固和提升中原城市群交通枢纽地位，全面拓展对外通道，完善区内交通网络，完善综合交通运输体系，为中原城市群加快发展和对外开放提供有力支撑。为此，必须做到以下几点：

第一，大力发展航空运输。"十一五"期间，重点抓好郑州新郑国际机场改造扩建，积极开辟国际国内航线，大力拓展航空货运业务，力争2010年旅客吞吐能力达到800万人次，旅客吞吐量突破 600 万人次，成为国内国际重要的货运中心、国内重要的区域性枢纽机场和客运中转枢纽。积极争取将洛阳机场改造提升为国内重要的干线机场，适时将济源机场改建为军民两用机场。

第二，巩固提升铁路枢纽地位。"十一五"期间，重点抓好郑州铁路客运枢纽建设，配合国家建成郑州至西安、北京、武汉的铁路客运专线，争取国家开工建设郑州至徐州铁路客运专线，形成郑州与区域内各中心城市之间的"40 分钟"铁路通勤圈，还要有序推进城市轨道交通建设。

第三，加快建设全国公路交通运输网络枢纽。"十一五"期间，重点抓好高速公路网络的完善，加快在建和规划高速公路建设，争取新开辟大庆—广州等六条省际高速公路通道和郑州—民权等三条区间高速公路通道，进一步拓展区域对外联系的通道，争取在"十一五"末，实现郑州与区域内各中心城市 1 个半小时内到达，各中心城市间 2 个小时内到达，县城和主要旅游区半小时内上高速，使高速公路成为区域人流、物流的主要荷载通道。同时，围绕四大产业带建设和重点旅游区域开发，抓好洛阳—栾川快速路改造升级等一批干线公路建设。

第四，加快郑州东区交通枢纽建设。在郑州东部地区，集中新建、扩建铁路客运专线枢纽站、高速公路客运枢纽站、郑州国家干线公路物流港、郑州铁路集装箱货运中心、郑州铁路零担货运中心、城市和城际轻轨中心站、国际航空港和航空物流集散中心、中南邮政物流集散中心等工程，形成布局科学紧凑、设施先进集中、多种运输方式有效连接、物流高效汇集配置、客流便捷集散的现代化立体交通新枢纽，进一步提升郑州的全国交通枢纽地位。

第五，郑州与周边 5 市间建城际铁路。郑州到开封、洛阳、新乡、焦作、许昌 5 市将全部建设城市轨道交通。其中，郑州至开封、郑州至许昌城际轨道交通的郑州市区至新郑机场段拟于2010年开建，郑州至焦作至云台山城际轨道交通2009年开建。

2006年，河南省委、省政府提出的中原城市群战略构想，在北京通过评审。可以让郑州、洛阳、开封、新乡、焦作、许昌、平顶山、漯河、济源真正联合起来，交通是首先要解决的问题。通轻轨的各有关部门和各县（市、区）要结合实际对中原城市群城际轨道交通的功能定位、线网布局、站点设置、建设标准，以及与公路、民航等其他交通方式衔接提出意见和建议，然后统一规划。

第六，加强区域基础设施建设。加强公路、铁路、航空等交通设施建设。加快郑新黄河大桥、桃花峪黄河大桥、焦作黄河大桥、官渡黄河大桥、河洛黄河大桥建设，促进郑州与新乡、焦作的呼应发展。大力推进郑西、郑石、郑武、郑徐铁路客运专线建设，进一步增强郑州铁路枢纽地位。加快郑州国际航空枢纽建设，按照《郑州国际航空枢纽建设规划纲要》，积极推进郑州机场第二跑道、第二航站楼以及基础设施建设，加快洛阳机场升级改造，提升航空运输能力。加强公路、铁路、民航及城市交通的衔接，形成以郑州为中心，对外联系通畅高效、区内联系快捷紧密、辐射周边、覆盖全省、服务全国的现代化综合交通枢纽体系。大力发展城市公共交通，加快郑州、洛阳等大型中心城市轨道交通和综合换乘枢纽建设，争取2008年开工建设郑州城市快速轨道交通1号线一期工程、2011年开工建设2号线一期工程、2012年基本建成郑州城市快速轨道交通1号线一期工程，基本确立公共交通在城市交通中的主导地位。同时，积极推动中原城市群城际轨道交通建设，争取2012年前建成郑州至开封、郑州市区至新郑机场的城际轨道交通，开工建设郑州至洛阳、新郑机场至许昌的城际轨道交通。

四　大力发展城市轨道交通

对于中等以上城市，出行范围扩大，出行距离拉长，公共交通方式的地位就显得更为重要了。客运交通方式就变成了以公共汽车、无轨电车和出租汽车组成的公共交通为主导的客运交通方式结构。

对于特大城市，即一般人口超过 200 万的规模，就要考虑发展轨道交通，形成以公共运输网络为主体、快速轨道交通为骨干、多种客运方式相结合的综合客运交通体系。

在特大城市要处理好轨道交通和公共汽车、小公共汽车之间的衔接关系，实现优势互补。轨道交通应选择客流量最大的地区通过，尽可能与人流集散点沟通，以满足高峰客流的需要。但一般轨道交通车站的站距较长，且欠灵活。公共汽（电）车一方面要弥补轨道交通的不足，承担轨道交通难以覆盖的骨干客流；另一方面要搞好公共汽车车站与轨道车站的衔接，方便换乘。小公共汽车则要弥补公共汽车的不足，在公共汽车覆盖不到的地区，起到方便居民出行的作用。

从发展趋势看，在轨道交通建设初期，地面公共汽（电）车仍将是公共交通的主体，直到随着轨道交通的覆盖面越来越大，公共汽（电）车才逐渐退居次要地位。

此外，在国外轨道交通除了承担市内客运外，还向市域发展，出现了市区与郊区连为一体的轨道网络，这将更有利于城市人口与产业的合理布局，在长远规划中应该加以考虑。

轨道交通指城市中大运输量的有轨公共交通运输系统。凡是以电能为动力、采用轮轨公共交通运输系统、运行速度大于 30 公里/小时、单向客运能力超过 1 万人次/小时的交通系统均被称为"城市快速轨道交通系统"。目前国际轨道交通的类型有地铁、轻轨、市郊铁路、有轨电车以及磁悬浮列车等。[①]

　　轨道交通在运量、速度和运行方式等方面明显优于私人交通和传统公交，其中地铁具有运行速度快、运送能力大；舒适、准时、占地面积小、节能、少污染；对地面无太大影响（噪声小，无振动，不妨碍城市景观）；不存在人车混流现象，没有复杂的交通组织问题；不侵占地面空间；环境污染小等优点。地铁的运输能力要比地面公交汽车高7—10倍，单向每小时可运送4万—6万人/次，轻轨单向每小时可运送2万—3万人/次。而公共电汽车的客运量每小时最多也只有1万人/次。上海市地铁一号线长度不到公交车里程的0.5％，但日均送客量达35万人次，占公交总运量的5％左右。轨道交通的运行速度最慢也在30公里/小时以上，地铁行驶的速度更快，例如旧金山地铁最高达128公里/小时，广州地铁三号线设计速度是120公里/小时。另外，轨道交通以电力作为动力，基本不存在空气污染问题。巴黎1000万人口，轨道交通承担70％的公交运输量，这一比例在东京是80％，莫斯科和香港是55％。而在北京，居民乘用地铁和地面公交车出行的比例不足30％，其中地铁的出行比例又不及公交总量的15％。这说明轨道交通还有巨大的潜力。[②]

　　综上所述，之所以要大力发展城际轨道交通，是由其优点所决定的。一是公交化：城际铁路开行密度高，15—20分钟一趟，具备常规公共交通的特征。二是高速化：城际铁路运送速度可达到120—200公里/小时。三是人性化：城际铁路售检票系统简单，乘坐舒适，换乘方便。四是信息化：城际铁路具备完善的信息系统，乘客可以通过公共信息选择服务。五是网络化：城际铁路将

---

　　① 　郭庆军、赛云秀：《我国城市地铁交通的发展分析》，《交通企业管理》，2007年第1期，第26—27页。转引自中国人民大学复印报刊资料《城际经济、区域经济》，2007年第6期，第77页。

　　② 　同上。

与城市交通形成一体化交通系统，方便居民出行，具有很高的可达性。

正是由于城际轨道交通有诸多优点，最近武汉城市圈决定修建四条城际铁路，建成后，武汉至孝感、黄石、咸宁、黄冈的铁路行程将控制在半小时以内。

武汉至孝感城际铁路线路全长 61 公里，工程投资估算总额 107.2 亿元，建设工期 2.5 年。武汉至黄石城际铁路线路全长 97 公里，工程投资估算总额 169.1 亿元，建设工期 2.5 年。武汉至咸宁城际铁路线路全长 90 公里，工程投资估算总额 97.6 亿元，建设工期 2.5 年。武汉至黄冈城际铁路线路全长 66 公里，建设工期 4 年。

武汉城市圈 4 条城际铁路均为客运专线，全部采用时速 200 公里以上的动车组，大部分线路采取以桥代路，有效节约了土地。项目建设采用部省合作模式，由铁道部和湖北省共同出资。建成后，武汉与这些城市的铁路行程将控制在半小时以内。

2007 年，武汉城市圈获批成为全国资源节约型和环境友好型建设综合配套改革试验区。修建武汉城市圈城际铁路，可以进一步完善武汉城市圈综合交通运输体系，推动武汉城市圈经济一体化进程。①

建设一流地铁线路为市民提供高效便捷服务

徐飞鹏

本市贯穿南北的又一条公交大动脉——地铁 4 号线将于 9 月下旬正式运营。刘淇强调，要大力实施公交优先战略，努力建设

---

①　杜若原、郭金富：《人民日报》，2009 年 3 月 23 日。

一流的地铁线路，为广大市民提供更加高效便捷的公共交通服务。

地铁 4 号线南起丰台区公益西桥，途经宣武区、西城区，北至海淀区安河桥北，全长 28.2 公里，设 24 座车站，是京港两地在基础设施领域投资最大的合作项目，也是全国首个引入社会资本参与建设和运营的地铁项目。列车运行平稳、安静、舒适。4号线建设采用了最先进的梯形减振轨枕道床等技术减振降噪，轨道减振里程占全线的 47%；在西单、灵境胡同、西四等车站，根据地形采用了节能坡设计，有了这个坡道，可以使列车进站爬坡时自然减速，出站下坡时尽快加速，据测算，此举可节能12%；发车间隔设计最小 2 分钟；乘车站平均换乘距离 60米……这些都集中体现了人文地铁、科技地铁、绿色地铁理念。刘淇仔细询问了列车最大载客量、应急设施装备、信息化水平等情况。他要求，一定要精心管理，全力以赴，把这条线路建设好、调试好、运营好。

在国家图书馆站，乘客可实现 4 号线与 9 号线同站台换乘，这在北京还是第一次。当了解到车站的一面墙壁将被装饰成艺术墙，与地面上的国家图书馆相匹配时，刘淇高兴地说，车站建设一定要注意与周边环境相协调、相匹配，通过多种方式，进一步增加车站的文化内涵。要进一步完善无障碍设施，方便残疾人乘车。

为方便市民乘坐，4 号线接驳的交通方式有步行、公交、自行车、出租车和小汽车五种，沿线分布着 170 多条公交线路；将建80 处自行车停车场，可容纳 25000 余辆车；拟施划 42 处出租车临时车位；在北端首站安河桥北站将建 3 处小汽车驻车换乘停车场。

刘淇在察看中说，北京正在大力实施公交优先战略，提高公交出行效率，努力吸引更多的市民乘坐公共交通出行。在地铁建设上，北京要进一步加大建设力度，特别鼓励采用具有自主知识产权的新技术、新设备，努力以一流的水平，建设好总里程达 560公里的地铁线路。希望地铁 4 号线能够在技术装备、信息化建设、运营管理等方面充分发挥示范作用。

资料来源：《北京日报》2009 年 7 月 3 日

五 大力发展城市信息化

城市信息化的主要任务是要适应国民经济和社会发展信息化的要求，逐步建立起数字城市的框架。

城市信息化的长远目标是建成完备的城市信息化体系；形成具有国际先进水平的高速通信网，能满足宽带化、个人化和智能化的通信服务；使信息资源得到全社会广泛有效地开发和利用；使信息技术成为推动国民经济和社会发展的强大动力；使信息产业成为城市经济的强大支柱；使人们在日常工作与生活中，能广泛使用信息技术，享受信息社会的生活质量。

城市信息化发展规划要因地制宜，应实事求是地制定近期发展目标。对于经济较落后的地区，应在传统通信方式的基础上，逐步普及有线和无线通信，建设有线电视网，发展互联网，不断提高信息化水平，为建立数字化城市打好基础。

信息网络建设是城市最重要的基础设施之一，是一切信息系统建立的基础，是实现信息化的前提。要统一规划，建设覆盖全市的宽带城域网络。逐步建设和完善城市公用信息平台，建成各地区平台汇聚节点，形成覆盖全市的互联网络，促进各种公用、专用网络与城市公用信息平台互联互通，实现信息资源共享。依托平台，推进城市电子政务、电子商务、社区服务等工程的建设。

加强电信网络建设，逐步建成布局合理、汇接灵活的以光缆、数字微波和程控交换为主体的多层次、多手段、数字化的电信网。扩大通信能力，提高服务水平，满足客户联系国内外的各种通信需要。随着城市空间的扩展，合理分布电信局所，发展公用电话。

在通信一体化方面，长株潭城市群走在了前面。2009 年 6 月 28 日零时，湖南省长沙、株洲、湘潭三大城市区号统一为"0731"，三市电话号码也同步升为 8 位。这一消息，在武汉城市圈中激起震荡。

早在 2005 年，武汉就开始牵头对武汉城市圈通信一体化展开调研规划。据当时媒体报道，有官员表示，9 个城市两年内就有望采用同一长途区号。4 年来，"同城同号"的美好愿景深入人心，却一直尚在梦中。

长株潭城市群和武汉城市圈同期晋升"两型社会"综改区。然而，长株潭在通信一体化道路上已后发先至。

通信一体化，一个显而易见的好处在于可以减少商务成本。在 9 城融合加快的今天，成本的降低更有利于产业加快布局调整，也更容易增加 9 城一体的认同感。

区号一体化，是一次思想解放的探索。如何解开思想桎梏和利益牵绊，先行先试，长株潭走在了前面，武汉城市圈激起了震荡，中原城市群也应猛醒。[①]

大力发展互联网，提高网络传输速度，扩大互联网与国际连接的宽度，加强网上信息源的开发，逐步在市民及中小学中间普及互联网。

邮政通信，是发展历史最悠久的通信方式。信息技术的高速发展，提高了邮政通信效率，拓宽了业务范围，而邮政业务的实物传递是其他通信方式所无法取代的，邮政业务经营范围和经营品种随着经济、社会的发展也在不断扩大。邮政通信在相当长的时间内仍然是我国许多地区的主要通信手段。

六　打造数字化城市

数字城市一般指在城市的自然、社会、经济系统范畴中，能够有效获取、分类储存、自动处理和智能识别海量数据的具有高

---

① 彭磊、江萌：《湖北日报》，2009 年 7 月 1 日。

分辨率和高度智能化的、既能虚拟现实又可直接参与城市管理和服务的一项综合工程。

数字城市所必需的关键技术包括：超大容量和超高速计算机、科学计算技术、虚拟现实技术、卫星图像分析与 3S 技术、宽带卫星通讯技术、ATM（异步传输模式）、网络技术、互操作系统、元数据等。数字城市所必需的基本知识包括城市规划学、城市网络学、城市地理学、城市经济学、城市社会学、城市统计学、城市生态学和城市管理学。

在数字化的城市里，人们无需聚集在城市中心，通过网络就完全可以享受发达的信息和实现网上购物等的需求。数字城市通过发达的网络，可使各种经济要素的布局相对分散，降低拥挤成本，提高城市效益，还能够促进城市的人流、物流、资金流、信息流、交通流协调、畅通。

目前，发达国家的数字城市建设已实现了政府和企业信息化系统的纵向、横向互联互通，已建成"一站式"的服务平台，全面提升了数字城市的功能和应用服务水平。

中国数字城市的建设对中国现代化水平、国家信息化水平以及中国城市管理水平的提高，具有重要的战略意义。

我国数字城市整体规划已经启动。整体而言，我国的基本特点是：东部先行、中部跟上、西部奋起直追。目前我国的数字城市建设仍处于第一、二阶段，且两个阶段基本同时并进，城市网络设施建设进展很快，空间数据基础设施建设相对滞后；政府和企业内部的信息系统建设迟缓，水平参差不齐；数字城市整体规划虽已经启动，但仅仅在少数城市，大多数城市的建设还处在无规划状态。

"数字城市"对城市规划、建设、管理与服务工作的影响是方方面面的，特别是以下几个方面：

一是城市规划手段的革新。目前，我国城市规划工作中的土地利用现状都是用人工方法进行调查，误差较大，城市规划方案的制定主要靠经验，CAD 计算机辅助设计在规划过程中只起到画图的作用。这种工作方式效率低，而且城市规划的质量得不到提高。"数字城市"可为我们城市规划工作提供一个全新的手段，通过"数字城市"中的机载传感器可动态获得大量城市影像信息，经过高效的数字加工处理，提取三维城市地物的位置信息、几何信息和属性信息，通过一定的整合手段，就可得到城市规划的基本图件。上述图件可通过 GIS（地理信息系统）进行管理，快捷地服务于城市总体规划中方案的形成、分析和输出等过程。

二是在城市防灾中的应用。城市建设灾害事故时有发生，既影响居民正常生活，又造成经济损失。"数字城市"通过 3S 系统可迅速、准确地监测与预报，当突发性灾害事故发生时，GPS（全球卫星定位系统）和 RS（遥感系统）能快速探测到事故发生地，并将有关信息迅速输入 GIS 系统，由其显示出发生地及附近的地理图件，如饮用水源地、地下管线、建筑状况等，并对得到的灾害信息进行空间模拟分析，进行预警预报，制定减灾策略等。

三是城市管理手段的现代化。有效的城市管理是促进城市健康发展的重要手段。"数字城市"在城市管理中的主要优势包括：动态、快速地得到和存储城市规划、建设与管理的信息；快速、高精度地进行城市管理信息的查询和统计，方便用户获取各类信息；有效地进行城市信息的空间分析。"数字城市"有利于提高政府决策的科学性，提高城市规划、建设与管理的效率和工作的规范化，促进城市的可持续发展，并使政府的管理和服务从定性化走向定量化。

四是在城市建设中的应用。在城市建设方面，可以杜绝由于地质、地下设施等基础数据不清、不准而造成的施工中管线爆裂、泄漏、线路中断等事故，可为重大项目或工程的选址及优化、工程建设管理提供准确的综合信息服务。

总之，"数字城市"在城市规划、建设、管理与服务行业的应用，可以提高工作效率、改善工作质量，集成化解决城市规划、建设与管理的问题，能够带来巨大的效益，是未来城市发展的重要技术支持。

数字城市：走出中国特色之路

胡春明

"亮点"先行

2005年，北京市东城区提出城市网格化管理新模式，在原有"单轴化"的管理体制基础上，创建指挥与监督既分离又统一协调的"双轴化"管理体制，实现了对城市管理流程的再造。2006年，在原建设部的推动下，网格管理迅速向全国51个城市（区）推广，各地在继承东城区的管理精髓基础上，又针对自己的实际情况做出了新探索，如杭州向上延伸跨越区形成全市统一平台，又如上海向下深入完善社区的各项机制。

网格化管理从城市化需求最迫切的地方入手，将城市管理与信息技术相结合，应用的集成创新与体制改革的结合必然带来政府的管理创新。

上海浦东采取了中心下移和三级平台、四级派单制。浦东新区将网格化管理中心放到各个功能区域，建设6个功能区域监督（指挥）中心，街道社区再建信息化平台，形成浦东新区、功能区、社区三级平台。然后再增加一级行政效能监察督办，形成四级派单。监督员发现的问题，会先报到社区，由平台中的职能部门处理，解决不了再逐级上报，由上一级单位协调，最后由监察部门督办。

杭州通过实施数字城管，建起了市级指挥中心和信息中心，并建立了相应的高位协同平台，目前，杭州将173家相关单位定义为网络单位，每个单位设立终端，由各网络单位派专人负责协调工作。同时，在杭州的数字城管指挥中心，还设立了协同平台，由各职能部门派出专人进驻，当发现城市管理问题时，由市领导坐镇现场协调。

"舶来品"有待消化

涵盖城市信息化所有内容的"数字城市"开始在全球兴起。1998年1月31日，美国前副总统戈尔在加利福尼亚科学中心所做的"数字地球—认识21世纪我们这颗星球"的演讲中提出了"数字地球"的新概念。以地理空间信息为主要支撑的"数字地球"勾画出人类数字生活的美好愿景，并由此引发了世界关于"数字城市"的探讨。

借鉴新加坡、日本等数字城市发展成熟国家的经验，我国高层主管部门也制定了数字城市整体框架，注重统一管理、统一规划，强化数字城市的顶层设计，资源共享贯穿始终。但在实践中并没有走得通。在全国660多个城市中，尽管已有200多个城市已经或计划启动数字城市建设，由于缺乏统一标准，资源不能共享，重复建设严重。

为"数字城市"把脉

在谈到我国数字城市建设现状时，中国工程院院士王家耀详细指出了我国数字城市建设存在的六大主要问题。

问题一是对数字城市缺乏科学认识。二是缺乏长远规划和总体建设方案。三是数字城市建设的实效和作用发挥不明显。四是城市信息资源整合力度和共享程度很低。五是标准和政策法规建设滞后。六是对数字城市和现代服务业的内在关系缺乏全面的认识。

资料来源：《中国建设报》2009年3月12日

第八章　城市文化是灵魂

城市文化是城市的灵魂。城市是一个社会文明的摇篮，城市文明在整个社会起着一种创造、示范、引导、扩散的作用。现代城市日益从它的历史积淀中抽象出其独特的文化特质，这种文化特质与城市发展相辅相成，决定了一个城市的质量和水平。

一　城市文化研究综述

苏娜认为，文化是一个民族的灵魂，也是特定地域最具特色的标识和最有竞争力的利器。人类发展的历史表明，文化具有强大的渗透和整合作用，影响着一个国家和地区的社会、经济等多方面状况；文化资源是人们在文化生产和文化活动中所利用的、能为其带来收益并能促进文化生产力和文化经济发展的各种资源的综合；文化产业与经济融生共长，与社会发展状况密切相关，伴随着整个经济社会发展的步伐前进。文化产业是促进文化资源向文化资本转变的重要环节，是创造和提升文化生产力的关键。[①]

姜杰等认为，劣质的管理文化会助长城市管理失误行为，从而使城市管理及运营效率降低，进而导致我国城市趋同化的负效应不断扩大，呈日益加剧的趋势。因此，应逐步培育具有主动创

---

① 苏娜：《论文化生产力与中部地区的经济发展》，《湖北社会科学》，2006 年第 12 期，第 77—79 页。转引自中国人民大学复印报刊资料《城际经济、区域经济》，2007 年第 4 期，第 38—39 页。

新精神的管理文化，培养城市管理者的创造性思维，形成以城市自身特色、比较优势为出发点进行规划、管理的思维方式，防患于未然，及时避免城市管理者失误引致的城市趋同化。[①]

要实现区域经济协调有序、健康快速发展，离不开先进文化的指导，离不开文化力的支撑。文化可以为经济发展提供价值导向和精神动力。文化中的理想信念、价值标准、道德风尚、行为规范等，反映着一定社会群体的利益、愿望和意志，支配着人们的行为，调节着社会关系，对社会经济发展有着巨大的影响。[②]

陈柳钦认为，城市是一个社会文明的摇篮，城市文明在整个社会起着一种创造、示范、引导、扩散的"火车头"作用。城市文化与一般社会文化相通，其精神文化在于艺术、观念和道德等方面，其物质文化在于产业、建设等方面，其政治文化在于制度和管理方面。现代城市日益从它的历史积淀中抽象出其独特的文化特质，这种文化特质与城市生产力相辅相成，决定了一个城市的发展质量。[③]

吕方认为，长三角区域之所以具备率先转变经济发展方式、加快提升经济整体素质和国际竞争力的条件，其中一个重要方面，就是因为长三角区域具有新阶段发展所需要的区域文化基础和精神资源。从区域文化看，长三角区域有吴越文化、楚汉文化和海派文化的类型，这三种文化具有奋发进取而又精致典雅的特征。

① 姜杰、胡艳蕾、孙倩：《中国城市趋同化及其治理》，《济南大学学报》社科版，2006年第6期，第15—16页。转引自中国人民大学复印报刊资料《城际经济、区域经济》，2007年第4期，第60页。

② 丁宏：《长三角一体化中的文化协调发展研究》，《南京社会科学》，2007年第9期，第26—30页。转引自中国人民大学复印报刊资料《城际经济、区域经济》，2007年第12期，第12页。

③ 陈柳钦：《我国城市经济学科发展动态分析》，《青岛科技大学学报》社科版，2008年第3期，第1—11页。转引自中国人民大学复印报刊资料《城际经济、区域经济》，2009年第1期，第26页。

这种文化特征，对新的发展方式有着积极的内在作用，但在当代社会发展中，还需要推进长三角区域文化的现代性转换。在转变经济发展方式中，应该借鉴英国的经验，以繁荣文学艺术来涵养全社会的创新精神，以创意产生的路径来开拓新的产业乃至整个社会的未来。①

二　城市文化的特征和基本功能

文化是国家的"软实力"，代表着一个国家和民族的文明程度、发展水平与发展高度，是民族凝聚力和创造力的重要源泉。当今世界，文化在综合国力竞争中的地位和作用越来越突出。因此，中原城市群要持续、快速、健康发展，必须高度重视城市文化建设。

（一）城市文化的特征

在中原城市群的发展过程中，城市文化有以下四个特征：

第一，以人为本。人是城市的主体。城市文化主要研究城市发展过程中在城市居民中形成的价值观念、行为规范等。因此，城市文化必须从城市居民的角度出发来协调城市的内部关系，从城市居民的角度出发来沟通城市的外部关系。如果城市文化不能以人为本，那么就失去了它的本来意义。

第二，"以文化人"。城市文化的关键在于它能够"以文化人"，运用文化的特点、规律于发展和管理之中。通过文化来改造人，使人能够产生创造性、自觉性，从而对城市价值观、城市精神产生强烈的认同感，然后发挥其积极性并作用在工作岗位上。

①　吕方：《长三角地区经济发展方式转变中的文化因素》，《南通大学学报》社科版，2008 年第 6 期，第 18—21 页。转引自中国人民大学书报资料中心复印报刊资料《城际经济、区域经济》，2009 年第 4 期，第 65 页。

第三，文化自觉。文化自觉主要指城市居民用文化的视点去查找城市问题根源的自觉性。纵观城市发展过程中出现的各种问题，最终的决定因素是文化，城市居民行为背后的文化，才是根本问题。所以，要想发展好城市，城市居民必须具备文化自觉性，不具备这一素质，就不能发展、管理好现代城市。

第四，文化保证。城市文化要求，在城市各个要素中，必须十分重视文化的培育，这是一项长期性的工作。良好的城市文化对保持城市的健康发展，具有十分重要的作用。

（二）城市文化的基本功能

第一，导向功能。城市中各个居民、各个部门都有各自的目标，而组织有组织的目标，城市文化能把城市居民个人目标和单个部门目标引导到城市目标上来，形成统一的行动。

第二，约束功能。通过建立共同的价值体系，形成统一的思想和行为，对城市中每个成员的思想和行为都具有约束、规范作用。

第三，凝聚功能。当一种城市文化的价值观被全体成员认同之后，就会形成一种黏合剂，从各方面将成员团结起来，形成巨大的向心力，这就是城市文化的凝聚功能。

第四，激励功能。城市文化的激励功能，是指它能使城市居民从内心产生出一种情绪高昂、奋发进取的工作热情。城市文化能满足人的精神需要，使人产生归属感、自尊感、成就感，从而调动人的精神力量。

第五，辐射功能。城市文化的辐射功能是指城市文化的作用不仅在组织内部，而且还通过各种传播媒体对社会产生影响。

文化如河

张保振

论及文化，可以说是见仁见智。有说，文化是生活，人们在生活中的一言一行、一颦一笑，都体现着文化；也有说，文化是能力，人们在社会实践过程中不仅创造着物质、精神财富而且获得着物质、精神的生产能力。如果戴上历史镜片，还可以看到，早在18世纪，意大利的维科和德国的赫尔德还从哲学的角度提出，文化是人的创造物，文化的进步乃是进步的规律等。受此启迪，也有一说：文化如河。

河，宽而泛之。它虽不专指此彼，却又专含此彼，按《辞海》之说，"是水道之通称"也。

河，呈多样性。不仅有"母亲河"，而且有"女儿河"；不仅有滔滔大河，而且有潺潺小河；不仅有众多自然河，而且有无数人工河。等等，等等。

河，具多变性。昨日还是涓涓小河，今日便成浩浩大河；刚才还是一苇杭之，转眼便过万吨巨轮；左瞅还是"溶溶漾漾白鸥飞"，右看便见"飞电过隙珠翻荷"。

河，展多彩性。有的似"一湾碧水一条琴"，有的像"一条雪浪吼巫峡"；有的荡金波，有的翻白浪；有的湛蓝，有的青黛。

文化如河，是说文化如同河一般，不仅具有悠久性、宽泛性，而且具有多样性、可变性、多彩性。更重要的，文化如河，还在于文化具有河一样的品质：

数典拜祖，继往开来。河是从不会忘祖断源的。无论它是从"天上来"，还是从"地下冒"；是来自溪涧，还是来自冰川；是源自沼泽，还是源自湖泊，它都不会嫌其"出身"贫低荒远而羞于开口，更不会如断弦离柱的脱手之箭而数典忘祖，胡言乱撞。相反，它会在河流溯源的作用下，不屈不挠地向上移动，去寻找更久远的源头，拜祖以继往，顺势以开来。

敞胸开怀，惜小喜大。河从不闭关自赏，自称其大，而是所到之处，无声惜细流，坦荡迎大潮，甚而在特殊的地段与时段，笑迎碎银雪片，勇接白波九道。在寻常期，面对宽平光明水，喜迎之；在非常期，遇狭险幽暗潮，照纳之，即便是银山拍天浪，照样敞胸搂入河怀中，汇成大河猛浪，高歌急湍飞驰。

坚持方向，一以贯之。河似一头认向的牛，撞到南山不回头。在它一生中，只认一个向：向东，向东，还是向东。为了向东，万山拦之它不怕，拦得歌喉哗啦啦；为了向东，平平河道它不寂，无语东流照喜欢。可以说，它的一生是"障百川而东之，回狂澜于既倒"的一生，是"大江来从万山中，山势尽与江流东"的一生。

"河润九里，泽及三族。"河虽无言，但滋益无限。它走到哪里，哪里就一派兴旺：地生绿、人生笑、鸟儿出生就歌唱。河，被誉为生命之河。它浸润土地，甘当无名英雄；恩泽及人，从不邀功请赏。只讲奉献，不求索取，是河的最大特点。更可贵的是，它施恩不念，却受恩不忘，对修复河道、补充水源的人，不仅用"高柳垂阴，老鱼吹浪"相报，而且以十倍的努力，百倍的诚意，尽施河润，共创"风日晴和人意好"的和谐美景。

古人在讲到"文"时说："文，犹美也，善也"，谈到"化"时说："化，变也"、"犹生也"。而这，也正是文化如河之真谛。

资料来源：《人民日报》2006 年 5 月 13 日

三　城市居民是城市文化的主导

（一）城市文化建设的目标

要搞好城市文化建设，必须有明确的目标。城市在设计其文化建设的蓝图时，必须根据自己的现状、面临的竞争环境、发展战略等，来确定城市文化建设的目标。同时，在确立了城市文化建设的总体目标以后，还应确立阶段性的目标。这样，在开展城市文化建设时，就可以稳步推进、层层深入。

　　一般来讲，在确立城市文化建设目标时，应考虑以下几方面：一是构建具有竞争力的城市文化体系；二是实现城市居民对城市价值、理念、精神的认同；三是明确城市的共同行为准则，规范城市居民行为；四是完善城市基本制度和政策；五是塑造城市形象，整合城市无形资产，打造温馨城市；六是建立学习型组织，实现文化管理；七是推动城市居民价值和城市价值的共同实现。

　　城市文化是社会文化体系中的重要组成部分，是一种精神现象，是人类改造自然和社会成果的结晶，是对事物存在与发展的认知和价值判断，通过追求有益于人类自身发展的境界，品味情操和修养，体现其层次，根据事物属性和存在空间表现为不同类型。城市文化即是如此，它的目的性非常强，因此，城市文化建设必须有明确的目标。

人文北京在保护中稳步前进

赵君利

　　在"3.3亿元文物保护计划"和"人文奥运文物保护计划"取得重要成果的基础上，为了进一步做好后奥运时期各类历史建筑及文物的保护工作、进一步推动人文北京的发展步伐，北京市政府决定自2008年至2015年实施"北京市文物建筑修缮保护利用中长期规划"，每年投入专项经费1.5亿元用于相关保护工作。规划的总体设想是完善两线景观、展现皇城格局、维护古都风貌、保护京郊史迹、整治文物环境、实现合理利用；重点是着眼后奥运时期全市各类历史建筑及文物保护工作的重点和难点，做到修缮与完善各类安全设施相结合、积极保护与开放利用相结合、风貌保护与城市发展相结合，实现北京古代与现代建筑的完美结合。

2009 年，修缮将向纵深推进

2009 年，北京将继续加大文化遗产修缮保护的深度和广度，启动颐和园谐趣园、十三陵茂陵抢险等近 20 项文物建筑抢险修缮工程；进一步改善文物保护单位环境风貌，消减安全隐患，提升文物保护单位的服务和开放水平。其中，颐和园谐趣园、十三陵茂陵、隆安寺等 11 个修缮项目计划已列入北京市政府实事项目。

中央财政在去年加大了文化遗产保护的支持力度。故宫完成了太和门、太和殿、神武门等文物建筑修缮工作。目前，寿康宫、慈宁宫等修缮工作正在进行，今年将陆续启动英华殿、慈宁花园建筑群、东华门城楼、灵沼轩等修缮工程，预计今年修缮经费将达到 7000 万元。此外，园林管理系统将继续投入 2000 余万元，对颐和园清外务公所、香山碧云寺等文物建筑进行修缮。

为了进一步研究文物建筑的保护规律，特别是北京地区木结构及石质文物建筑保护工作的特点，在修缮保护的同时，力争逐步建立文物建筑检测制度，2009 年，有关部门将首次投入 300 万元，启动部分文物保护单位的安全检测工作，预计接受检测的文物保护单位将达到 20 处。本次检测采用现代科技手段，掌握文物建筑的现状、残损程度、结构安全、应力等多方面的情况，力争研究文物建筑修缮规律和周期，为下一步文物修缮工作提供科学依据和基础数据；同时进一步消减文物保护单位的安全隐患，将启动宛平城消防水改造、丫髻山碧霞元君祠电路改造、八大处证果寺避雷改造，总投入预计将达到 3000 万元。

资料来源：《中国建设报》2009 年 2 月 3 日

（二）城市文化建设的原则

城市文化建设必须遵循以下原则：

第一，中西交融、优势互补。城市文化建设，既要继承中国优秀的民族文化传统，又要适应经济全球化、与国际接轨的要求，在文化建设的理念上要体现出中西交融、汲取精华的原则。

第二，实践创新与理论创新相结合。有创意、有个性的城市文化，会给人以耳目一新的感觉。对于现代城市来说，只有创新才能生存。这种创新，既要体现在城市经营管理的实践方面、体现在管理理论方面，还要体现在文化理念方面。纵观国内外优秀的城市文化，虽然各具特色，但有一点是相通的，那就是注重创新。创新是城市永恒的主题，创新也应该是城市文化建设的不竭动力。

第三，行为特点与城市个性相结合。任何城市都是在特定的共性文化背景下成长和发展起来的，同时又有自身的个性特色。个性来源于城市特定的历史环境、特定的人员组成、特定的发展经历。城市文化理念的重要特性之一，就在于其个性化。这也是形成城市品牌和无形资产价值的基础。个性是城市的生命，没有个性的城市文化常常是平庸的，最终对城市的发展无大益处。因此，城市文化建设既要注意共性，也要注意个性的提炼与培养，做到共性与个性的有机结合。

第四，具有客观性和可操作性。城市文化建设，应从实际出发、实事求是。若脱离城市的实际，脱离城市的人员素质，不切实际地提出超越发展阶段的目标与口号，虽然动机在于激励人、鼓舞人，但由于无法实现，最终会导致丧失信心和凝聚力。由此可见，城市文化不是任意营造的，它是城市现实经营和发展潜力的精神反映。

第五，具有感染力和导向力。优秀的城市文化之所以能产生推动城市发展的动力，关键在于它能影响和感染城市居民，产生凝聚力和创造力。

（三）培育良好的城市文化

提炼价值观是城市文化建设的重点。价值观反映了一个城市的社会追求和远大理想，代表着城市对事物是非曲直的判断标准和原则。核心价值观是经营理念、行为准则等的基础。提炼价值观必须从城市的实际出发，具备时代特征，既要有很高的境界，又要符合行为特性与城市定位，真正能在城市居民中引起共鸣。

搞好城市文化建设，必须提炼城市理念，这主要是阐明城市的愿景和使命、城市精神。城市愿景是城市未来可以成就的具有挑战性的远景描绘，是一个可能和希望实现的未来蓝图。城市使命是城市任务、服务目标或城市存在的目的和意义。城市精神是城市的灵魂和精神支柱，是根据核心价值观营造的城市居民共同的内心态度、意志状况、思想境界、理想追求和相应的精神氛围。

设计行为准则。要体现城市居民共同的行为方式和特征。行为准则设计以价值观体系为基础，是界定城市居民基本行为的规范。城市居民的行为方式代表着一个城市的精神面貌。规范的行为不仅有助于协调人与人之间的关系，更有助于强化城市管理。设计行为准则，要充分考虑城市的特点，切忌千篇一律。

打造温馨城市。"自然山水可以让人愉悦，文化可以让人迷醉，而情感可以让人流连忘返。"[1] 城市是我们的家，情感是我们的根。所以，"一个优秀的城市是不是我们的家，就要看它跟我们有没有亲和感，有没有依恋感，有没有归属感"，[2] 即是否"温馨"。中原城市群要打造城市文化，就要注重人的情感。我们"虽然不能考虑到每一个人的情感，但是我们尽可能把一座城市打造得温馨一点、可爱一点"[3] 则是应该的，因为"一座城市它的美丽可以动人，但它的温馨却可以长久温暖一个人的心，温馨比美丽更为重要"。[4]

近年来，随着城市化进程的加快，城市形象受到了社会的普

---

①　陈淑衡：《光明日报》，2008 年 12 月 10 日。
② 　同上。
③ 　同上。
④ 　同上。

遍关注。一个良好的形象是一个城市的无形资产，是一个城市竞争取胜的利器。但是，城市形象的塑造是一个长期的过程，需要精心设计、逐步培养。

（四）发展城市文化产业

文化产业是文化与经济相互融合的集中体现，具有资源消耗少、环境污染少、附加价值高、发展潜力大、对城市发展影响持久的特点，对推动经济社会发展具有持久的、长期的作用。近年来，我国文化产业蓬勃发展，电影、演出、图书、音像、艺术品等传统文化产业增长较快，网络、游戏、动漫、流媒体等新兴文化产业迅速崛起，一批具有较强实力和自主创新能力的大型文化企业和企业集团脱颖而出，一批具有民族特色、自主知识产权和原创性的知名文化品牌应运而生。这对推动城市的发展、提高城市品位起到了至关重要的作用。

近年来，河南提出从文化资源大省向文化资源强省迈进，这极大地推动了中原城市群的全面可持续发展。中原城市群文化产业的发展，不仅对 GDP 增长的贡献率越来越大，一些文化企业还迈出河南走向世界，这对于丰富群众精神文化生活、发掘河南文化资源，扩大内需、增长就业、开辟税源、推动第三产业发展，都有着重要作用。

例如，作为河南省重点文化产业项目之一，《禅宗少林·音乐大典》把少林的文化优势和旅游优势有机地结合在一起，探索出了文化产业发展的新模式。距少林寺 7 公里的登封市少室山待仙沟，原来只是一个荒凉险峻的峡谷。2007 年 4 月 27 日，《禅宗少林·音乐大典》在这里开始上演。从此，嵩山厚重的历史文化、独特的自然景观与如诗如梦的演出融为一体，借助禅宗祖庭少林寺的影响力，吸引了无数中外游客。又如《大宋·东京梦华》，也走出了一个文化产业发展的新模式。

要进一步推动中原城市群文化产业的发展，应做好以下几个方面的工作：第一，深化文化体制改革。既要遵循文化艺术发展的自身规律，又要适应社会主义市场经济体制的运行规律，进一步解放文化生产力，加快发展文化产业。第二，大力培养文化企业。要结合中原城市群的实际，充分发掘河南的文化资源，培育一批充满生机与活力，拥有自主知识创新能力、知名品牌、自主知识产权的文化企业和企业集团。第三，转变政府职能，积极为文化产业发展服务。中原城市群各级政府，要把文化产业纳入规划范畴，及时发布有关政策、动态、市场需求信息，为文化企业和企业集团的发展打造良好的法治环境、政策环境和市场环境。第四，以数字化、信息化带动文化产业的跨越式发展。在中原城市群文化产业的发展过程中，要借助数字技术，推动文化产品的生产方式不断改进、科技含量不断增加，经济效益和附加值不断提升。第五，不断推进文化创新。要精心打造中原城市群文化品牌，制定政策措施，多出精品，使文化创新为中原城市群发展提供持续动力。第六，实施知识产权战略。加大保护版权、商标等各项工作力度，不断提高自主创新能力。

温家宝主持召开国务院常务会议

——讨论并原则通过《文化产业振兴规划》

国务院总理温家宝22日主持召开国务院常务会议，讨论并原则通过《文化产业振兴规划》。

会议指出，文化产业是市场经济条件下繁荣发展社会主义文化的重要载体。在当前应对国际金融危机的新形势下，在重视发展公益性文化的同时，加快振兴文化产业，对于满足人民群众多样化、多层次、多方面精神文化需求，扩大内需特别是居民消费，推动经济结构调整，具有重要意义。

会议强调，振兴文化产业，必须坚持把社会效益放在首位，努力实现社会效益与经济效益的统一；坚持以体制改革和科技进步为动力，增强文化产业发展活力，提升文化创新能力；坚持推动中华民族文化发展与吸收世界优秀文化相结合，走中国特色文化产业发展道路；坚持以结构调整为主线，加快推进重大工程项目，扩大产业规模，增强文化产业整体实力和竞争力。为此，要做好八项重点工作：一是加快发展文化创意、影视制作、出版发行、印刷复制、广告、演艺娱乐、文化会展、数字内容和动漫等重点文化产业。二是充分调动社会各方面力量，加快推进具有重大示范效应和产业拉动作用的重大项目。三是推动跨地区、跨行业联合或重组，培育骨干文化企业。四是统筹规划，加快建设一批产业示范基地，发展具有地域和民族特色的文化产业群。五是不断适应城乡居民消费结构新变化和审美新需求，创新文化产品和服务，扩大文化消费。六是发展文艺演出院线，推进有线电视网络、电影院线、数字电影院线和出版物发行的跨地区整合，繁荣城乡文化市场。七是积极发展移动多媒体广播电视、网络广播影视、手机广播电视等新兴文化业态，推动文化产业升级。八是落实鼓励和支持文化产品与服务出口的政策，扩大对外文化贸易。

会议指出，为确保各项任务落到实处，必须深化文化体制改革，激发全社会的文化创造活力。要降低准入门槛，积极吸收社会资本和外资进入政策允许的文化产业领域，参与国有文化企业股份制改造，形成公有制为主体、多种所有制共同发展的文化产业格局。要加大政府投入和税收、金融等政策支持，大力培养文化产业人才，完善法律体系，规范市场秩序，为规划实施和文化产业发展提供强有力的保障。

资料来源：《经济日报》2009 年 7 月 23 日

四 姓氏文化与武术文化

（一）姓氏文化

所谓姓氏文化，是指与姓氏有关的各种物质或非物质文化，包括姓氏起源、姓氏流变、家族播迁、名人事迹与遗迹、家谱、世系、家训等，还包括由此形成的尊祖敬宗、报本反始、寻根问祖等族姓与民族文化认同的理念。

姓氏文化是中华民族的血脉之根。各种形式的姓氏寻根问祖，都不能避开河南。在《新百家姓》中，有73个姓氏在河南找到发源地，有48个姓氏的主要发源地就在河南。河南处于河洛一带，"河洛"是黄河与洛水的简称，也指黄河中下游和洛水流域的一些主要地区，是中原地区最核心的部位。这里曾是"人祖"伏羲、炎帝、黄帝、颛顼和帝喾的活动区域，是夏和商的国都所在地、政治与文化中心。"八大古都河南居半"，从古到今，炎黄子孙都深深地眷恋着这片土地。

据研究，在有来源可考的4820个姓氏中，源于河南的姓氏共有1834个，占38%。在按人口多少排列的占汉族人口90.14%的前120大姓中，全源于河南的姓氏有52个，即李（鹿邑）、张（濮阳）、陈（淮阳）、黄（潢川）、周（汝南、汝州、洛阳）、林（淇县、洛阳）、何（信阳、洛阳）、宋（商丘）、郑（新郑、开封）、谢（唐河、南阳）、冯（新郑、荥阳）、于（沁阳）、袁（洛阳、巩义）、邓（邓州）、许（登封、许昌、鲁山）、傅（安阳）、苏（温县）、蒋（淮滨）、叶（叶县）、阎（洛阳、荥阳）、潘（固始、洛阳）、戴（商丘、民权）、夏（巩义、淮阳）、范（范县）、方（禹州、洛阳）、石（淇县、洛阳）、姚（范县）、廖（唐河、固始）、孔（新郑、商丘）、康（禹州）、江（正阳）、史（新郑）、邵（汝南、安阳）、段（辉县）、雷（禹州）、汤（商丘）、尹（宜阳、安阳）、武（巩义、安阳、商丘）、赖（息县）、樊（安阳、淇县、济源）、兰（新郑、洛阳）、殷（安阳、许昌）、陶（安阳、淇县）、翟（鲁山、宝丰、叶县）、安（洛阳）、倪（新郑）、严（洛阳）、牛（商丘）、温（温县、洛阳）、芦（洛阳）、俞（新郑）、葛（长葛、宁陵、洛阳）。部分源头在河南的姓氏有

45 个，即王（卫辉、洛阳）、刘（鲁山、偃师、洛阳）、赵（巩义）、吴（濮阳）、徐（安阳、淇县）、孙（濮阳、淮阳）、胡（淮阳、郾城、洛阳）、朱（洛阳）、高（新郑、洛阳）、郭（登封、陕县）、罗（洛阳）、梁（洛阳）、韩（新郑、洛阳）、唐（方城）、董（临颍）、萧（安阳、淇县）、程（洛阳）、沈（平舆、沈丘）、吕（南阳、新蔡、洛阳）、卢（洛阳）、蔡（上蔡、新蔡）、魏（开封、邓州）、丁（开封）、薛（洛阳）、杜（新郑、洛阳）、钟（洛阳、长葛）、姜（南阳）、熊（新郑）、陆（嵩县、洛阳）、白（息县）、毛（宜阳）、邱（淮阳、洛阳）、秦（范县）、顾（范县）、侯（辉县、洛阳）、孟（濮阳）、龙（新郑、临颍、鲁山）、黎（洛阳）、常（新郑）、贺（洛阳）、龚（新郑、辉县）、文（鲁山、濮阳）、施（安阳、淇县）、洪（辉县）、季（开封）。前两项合计，起源于河南的姓氏共有 97 个，占 120 大姓的 81%，占全国汉族人口的 79.52%。在占汉族人口 98.24% 的 300 大姓中，全源于河南的姓氏有 97 个，部分源头在河南的姓氏有 115 个，二者合计，起源于河南的姓氏共有 212 个，占 300 大姓的 71%，占全国汉族人口的 84.9%。这也就是说，起源于河南的姓氏占全国汉族人口的 85% 以上[1]。河南是姓氏资源第一大省，说海内外华人的祖根大半在河南，一点也不为过。

以姓氏寻根问祖为主要内容的文化寻源活动，以及物化的姓氏文化资源是吸引海内外华人前来寻根谒祖的最重要因素，是他们的情感依托和归属。"寻根问祖、追根溯源，不仅仅要追姓氏根，还要追文化的根，港澳台地区、全球华人，同文同种、同根同源、同山同水，正是这些共同的文化、共同的血脉、共同的土地，才形成了共同的民族，这是民族强盛、国家统一的根本。"[2]

---

① 郑强胜：《河南日报》，2007 年 4 月 18 日。
② 同上。

所以，姓氏文化及姓氏寻根，有助于中原城市群的发展，有助于中原崛起。

（二）武术文化

武术文化是中原文化的鲜明特色。河南是少林拳、陈氏太极拳、苌家拳、形意拳四大拳派的发源地。全国 129 个武术拳种，河南流行的就有 40 余种。除少林拳、陈氏太极拳、苌家拳、形意拳外，还有查拳、八极拳、八卦拳、梅花拳、关东拳、岳家拳、罗汉拳、燕青拳、翻子拳、杨氏太极拳、孙氏太极拳、吴氏太极拳、和氏太极拳等。

武术特别强调练功，要能吃苦，要持之以恒。以点穴术为例，其功夫就是练出来的。少林点打名师汝静法师有一首《点穴歌》：

> 点打奇功门，秘传在少林。
> 立志练真功，该有苦恒心。
> 一练硬功底，气功乃根本。
> 气壮推山河，四两拨千斤。
> 二练手指功，平日须专心。
> 先练指点土，再练点桐椿。
> 更练指点石，苦习五冬春。
> 后练点铁板，莫惧受苦深。
> 先练视点处，次练开穴门。
> 眼力练成准，暗室辨假真。
> 夜间能点打，白日千百准。
> 气指眼之法，点打武艺真。
> 三十春秋苦，可得真功夫。①

---

① 《河南日报》，2007 年 4 月 13 日。

中国武术是中华民族的宝贵文化遗产，也是中华民族文化在武技中的体现。发源于河南的四大拳派各有特点：

少林拳因源于少林寺而得名。至迟在两汉时期，中原地区的武功已发展到相当高的水平，行气导引之术也已积累了比较丰富的经验。少林寺僧一向兼收并蓄、善于学习，因而能够广泛吸收僧俗两界的武功精华，并不断总结提高、发展创造。

太极拳以刚柔相济为特征，以强身健体、修身养性为主旨。陈氏太极拳源于河南省温县陈家沟，由陈王廷所创，距今已有300多年的历史。太极拳以《易经》阴阳之理和中医经络学说、导引吐纳术等为基础而创，发明者陈王廷是陈家沟的陈氏家族弟子，故名"陈氏太极拳"。以后又衍生出杨氏太极拳、武氏太极拳、吴氏太极拳、孙氏太极拳、和氏太极拳等多种流派。

太极拳讲求以静制动、以柔克刚、以弱胜强、以慢胜快、以少胜多、以巧胜拙，最忌以拙力死拼滥打，最忌硬顶硬抗。这一拳种是中国传统文化的特殊表现形态。文化优势是太极拳的活力所在。太极拳对繁荣和丰富中国民族文化产生了巨大而深远的影响。

苌家拳由河南荥阳汜水人苌乃周所创。苌乃周（1742—1783）将易理、医理吸收融会于武技拳法之中，经过反复研习，形成了以培养中气为拳技学理主旨、以二十四字拳为基本技术内容的风格独特、自我体系的内功拳派——苌家拳，并著有《培养中气论》和《武备参考》两部著作。苌氏武技讲究自身"中气"的培养，以求得形神兼备、外强内壮的功效，进而达到健身、养生之目的。

形意六合拳，又叫心意拳、六合拳、形意拳，与武当、太极、八卦合称"内家四大拳派"。古拳谱有岳飞始创心意六合拳之说。洛阳马坡村人马学礼是河南心意六合拳最具代表性的传承人物。

六合即心与意合、意与气合、气与力合、手与足合、肘与膝合、肩与胯合。天人合一，物我同然。一动无不动，一合无不合。

鸡腿、龙身、熊背、虎抱头、鹰捉、雷声。五行相生相克，循环不息。

形意拳在中国武术理论上的最大贡献，就是提出了武学的三大境界，首次厘清了武术功力层次差别，从而大大丰富了中国武术理论宝库。[①]

李慎泽老师等在《孙禄堂武学著作大全简注》中，对这"三大境界"进行了记述和注解：

"郭云深先生云：'形意拳术，有三层道理，有三步功夫，有三种练法。'

三层道理：

一、练精化气。

二、练气化神。

三、练神还虚，练之以变化人之气质，复其本然之真也。

三步功夫：

一、易骨：练之以筑其基，以壮其体，骨体坚如铁石，而形式气质，威严状似泰山。

二、易筋：练之以腾其膜，以长其筋，俗云：'筋长力大。'其劲纵横联络，生长而无穷也。

三、洗髓：练之以清虚其内，以轻松其体，内中清虚之象，神气运用，圆活无滞，身体转动，其轻如羽。拳经云：三回九转是一式，即此意义也。

三种练法：

一、明劲：练之总以规矩不可易，身体转动要和顺而不可乖戾；手足起落整齐而不可散乱。拳经云：方者以正其中，即此意也。

二、暗劲：练之神气要舒展而不可拘。运用圆通活泼而不可

---

①　《河南日报》，2007 年 4 月 13 日。

滞。拳经云：圆者以应其外，即此意也。

三、化劲：练之周身四肢转动，起落进退皆不可着力，专以神意运用之。虽是深意运用，惟形式规矩仍如前二者不可改移。虽然周身转动不着力，亦不能全不着力，总在神意之贯通耳。拳经云：三回九转是一式，亦即此意义也。"①

温县陈家沟：太极拳打出新天地

史晓琪

一种完美的运动

太极拳源自温县陈家沟，明末清初时，由村民陈王廷所创。300 多年来，太极拳长盛不衰，如今已成为参练人数最多的世界武术运动。

村如其名。一条南北走向的大沟，将陈家沟分为两半。村中有太极拳爱好者心中的圣地——太极拳祖祠。这里朴素而幽静，伫立着的陈王廷雕像，神态飘逸，仙风道骨。雕像两侧各有一块碑，分别刻着"德"、"武"二字。似乎在无声地告诫后人，要记住太极拳重德尚武的操守。

陈氏太极拳是在吸取中华武术各派精华的基础上，结合阴阳之理和中医经络学说、导引吐纳之术创成的拳种，后来衍生出"杨、武、吴、孙、和"五大流派。太极拳不仅能强身健体，还能把内心的浮躁、狂躁、狂喜、狂怒练掉，达到人与自然、社会和谐的至高境界。太极拳以近乎完美的运动形式诠释古老的东方哲学思想，文化审美价值很高，所要求的端、公、仁、浩、忠、诚、敬、正、义、勇、信、德等武德修养，充分体现了中华民族的传

---

① 孙叔容、李慎泽：《孙禄堂武学著作大全简注》，海燕出版社 1992 年版，第 350—351 页。

统美德。

1992 年，温县跻身首批全国武术之乡；2006 年，陈氏太极拳被列入国家非物质文化遗产名录；2007 年，温县被命名为"中国太极拳发源地"，同年，温县太极拳入选河南省民俗经典项目……

一项充满希望的产业

温县在开发太极拳产业时十分注重挖掘文化内涵，保护和增强陈家沟的历史文化厚重感。集太极拳文化、武术教育、娱乐休闲、民俗体验于一体的陈家沟中华太极文化园正在建设中。

陈家沟太极文化产业中的亮点之一、国内首个非物质文化遗产类博物馆——中国太极拳博物馆，将在下月开馆。馆藏的近 3000 件珍贵文物，将展示太极文化的源远流长。

目前，温县从事太极拳产业的人数已达 3000 多人，年实现综合经济效益 2 亿元，太极拳对地方 GDP 的贡献额已达 2%。太极拳在哪里都可以学，但要详细了解太极拳的历史，真切感受太极文化的博大精深，你就必须到陈家沟来。

资料来源：《河南日报》2009 年 7 月 10 日

五　大学功能与中原城市群发展

（一）大学功能分析

传统理论认为，大学具有人才培养、科学研究和社会服务三大功能。不同的大学，这三大功能会各有侧重，但大学所具备的这三大功能则是共同的。

最近有研究者认为，大学还有第四功能，即引领文化。大学包含众多学科领域，集精神构建、学术研究、科学发现、技术发明与人才培养于一体，从而成为新文化的孵化器。因此，大学既是最高的教育机构，也是文化发展的中心。

大学是培养人才的主阵地。培养人才是大学的根本任务。中原城市群建设，需要大批人才，大学要能适应这一需要，培养出不同规格、不同层次的人才。

科学研究是大学的主要功能之一。在中原城市群的发展过程中，科技创新是动力。大学能实现产、学、研的结合，把科技创新的成果产业化，运用到社会各个领域。大学要有效整合社会科技资源，推动经济、社会、文化与科技的紧密结合，为中原城市群的发展注入强大动力。

社会服务是高校的又一功能。大学是知识生产和传播的殿堂，而这些知识只有与实际相结合，才能产生出强大的威力，实现改造自然、社会和人的目的。大学对国家经济社会发展所起的作用往往"地方化"。大学往往通过产、学、研的有机结合，开辟新产业，使地区产业多样化，给当地经济社会发展创造新的增长点；大学还能促进产业集群发展，促进其他各类新技术企业的创办，增加就业机会等。

由于各个大学的情况不同，功能定位肯定会有所差异，有的是研究型大学，有的是教学型大学，还有的则介于二者之间。不管如何，大学的功能定位要符合自己的实际，符合区域经济社会发展的需要。

（二）大学在中原城市群发展中的作用

中原城市群是指以省会郑州为中心，包括洛阳、开封、新乡、焦作、许昌、平顶山、漯河、济源9个省辖市的城市群。

根据中原城市群的发展规划，到2020年，预期郑州市中心城区人口规模突破500万人，成为全国区域性中心城市；洛阳市中心城区人口规模达到350万—400万人；许昌、漯河两市将进入特大城市行列；济源、巩义、偃师三市进入大城市行列；城市群体规模进一步发展壮大，与周边城市实现融合发展。郑州是中原城市群的核心区域，郑汴一体化区域到2020年将率先基本实现现代化。中原城市群的发展，对河南省域经济社会的发展乃至中部崛起，都具有重要意义。要实现这一宏伟蓝图，大学具有非常重要的作用。

　　大学的根本任务是培养人才。人才是一个国家发展最重要的战略资源，当今世界，争夺人才的竞争异常激烈。而大学能不断培养一批又一批社会主义事业的合格建设者和接班人。中原城市群的发展是一项长远规划，需要社会各界的广泛参与，需要大学不断地培养一批又一批高素质的合格人才。因此，大学的作用至关重要。

　　城市的活力在于创新，城市群就是城市形态创新的结果。世界科技发展的实践告诉我们，一个国家只有拥有强大的自主创新能力，才能在激烈的国际竞争中把握先机、赢得主动，特别是在关系国民经济命脉和国家安全的关键领域，真正的核心技术、关键技术是买不来的，必须依靠自主创新。创新可以分为思想创新、技术创新、制度创新、管理创新等形式。科技创新只是创新的一种形式，但它对中原城市群的发展具有重要意义。中原城市群要成为高新产业集聚区、布局合理的新型城市连绵区、设施完备的现代商贸物流区、生态良好的旅游区、社会和谐的人性化宜居区，所有这些都离不开大学的支持，离不开大学的科技创新。

　　产业是中原城市群发展的支撑，而高新技术企业的创办、新产业的产生以及产业集群的形成，都有大学不可磨灭的功绩。在中原城市群的发展过程中，要选好主导产业，合理规划产业带，发挥产业的集群效应，所有这些也都离不开大学的支持。

　　城乡一体化发展，是改变城市群城乡二元结构的重要战略举措。中原城市群的发展过程，必须是城乡相互促进、协调推进的过程。因此，必须坚持把城乡一体化发展贯穿在推进中原城市群发展过程的始终。中原城市群要发展，必须实施交通导向战略。城市交通是城市基础设施建设的一部分，对城市发展有极大的推动作用。在中原城市群的发展过程中，要积极建立绿色立体交通体系。在传统发展模式下，城市群为经济的发展付出了一定的生态环境代价，而如今在加快中原城市群建设的大背景下，应大力倡导生态文明，积极发展循环经济，促进经济、资源、人口、环境的协调发展，强调人的发展与自然山水、文化魅力、情感归属相统一。所有这些也都离不开大学的作用。

城市文化是城市的灵魂。城市是一个社会文明的摇篮，城市文明在整个社会起着一种创造、示范、引导、扩散的作用。现代城市日益从它的历史积淀中抽象出其独特的文化特质，这种文化特质与城市发展相辅相成，决定了一个城市的质量和水平。而大学引领着文化的发展，因此，中原城市群的建设必须发挥大学的作用。

（三）发挥大学功能促进中原城市群建设

要充分发挥大学的功能，促进中原城市群发展，必须采取以下对策：

第一，大学要积极参与地方经济社会发展。大学要明确功能、找准定位，与当地的经济社会发展保持密切的联系，要面向经济社会发展主战场。

第二，大学要根据中原城市群经济社会发展的需要，培养各级各类高层次合格人才。大学的根本任务是培养人才，为社会主义现代化建设培养大批合格人才，为社会主义事业培养接班人。中原城市群的发展同样需要大批合格人才，因此，要充分发挥其培养人才的作用。

第三，深化大学改革。确立教学的中心地位，处理好教学、科研、人才培养三者之间的关系；搞好人事、后勤等改革，确保大学三大功能的充分发挥。同时，要扩大大学的办学自主权，增强其灵活性和责任感，让大学根据社会发展的需要开设课程，与产业界开展广泛的合作。

第四，找准定位。每个大学都有自己的实际，要因校而异，实事求是地确定自己的定位。定位过高，脱离实际；定位过低，模糊目标。因此，各个大学的定位要符合自己的实际。

第五，强化管理。管理出效率，管理出效益，管理出水平，管理上台阶。世界科技一日千里，市场竞争越来越激烈，大学面临的机遇和挑战并存。因此，为了适应新形势发展的需要，各级政府必须加大对大学支持的力度，大学必须进行改革和创新，不断提高管理水平。

第六，提高服务能力和水平。大学要充分发挥服务经济社会发展的功能，必须提高自己的服务能力和水平，为中原城市群发展服好务。大学要充分发挥服务社会的功能，主动为社区提供研发、培训、技术支持等社会服务；大学还要主动为中原城市群城乡一体化发展服务。

六　城市文化建设的对策

城市文化是城市的灵魂，是一个涉及城市能否高效发展与可持续发展的极其重要的问题。因此，加强中原城市群城市文化建设，必须采取以下对策：

第一，要形成城市文化建设的制度环境。要从政策上、法律上制定有利于城市文化建设的各项规章制度，使之形成良好的环境。

第二，要高度重视城市文化建设。一个城市能否顺利发展，城市文化具有重要的、长期的潜移默化的作用。

第三，对城市居民要进行激情管理。激情管理，就是利用城市居民的情绪，通过各种各样的方法将城市居民对工作和生活的热爱激发起来，使之转化为能量，从而将城市居民的潜能释放出来，形成一种冲击力，提高城市居民自身与城市整体的能力。激情管理通过营造出一个宽松的人文环境、无限的个人发展的组织氛围，来吸引住优秀人才，让组织中的每一个人都充满激情，不断开创出新的业绩。作为管理者，需要用"心"管理，创造"激情"，以调动城市居民的情绪，使之发挥出神奇的效果。

第四，要从成功和失败的案例中汲取有益的东西。在城市的发展过程中，应当非常重视城市的文化建设，从长期看，城市发展的失败，归根到底是城市文化建设的失败。

第五，要适应形势的变化，不断创新、发展城市文化。由于内外部条件的变化，原有的城市文化可能会与形势需要不相适应，因此，要及时予以发展和完善，扬弃旧文化，创造城市新文化，以保证城市对外界的适应能力和可持续发展能力。

第六，要重视城市文化产业的发展。要发展城市文化，一个重要途径就是使之产业化。发展文化产业，符合我国实现经济发展方式转变的要求。文化的发展促进文化理念渗透到传统产业的设计、生产、营销、品牌和经营管理等环节，使传统产业提供的产品更加富有文化含量、文化品位，这样就会促进文化传统产业的结构调整，从而提升整个社会的经济质量。

城市与休闲文化

杨晓敏

把休闲文化演绎到极致的城市为数不多，开封便是其中之一。

休闲文化涵盖面大，琴棋书画，花鸟鱼虫，斗鸡走狗，吃喝玩乐，开封人从雅玩到俗，又从俗玩到雅，从中透出一股与生俱来的浓郁的文化味儿。北宋张择端的绝代名画《清明上河图》深藏故宫，开封人却把它立体复原。汴河碧水，回响千年不绝的涛声；虹桥仕女，依然延续百代的妩媚。漫步清明上河园，外地的朋友们极为佩服开封人的创意，许多古老的传统游乐项.目和民俗民风，在生活节奏日益加快的现代社会濒临失传，却被开封人挖掘出来，恢复原汁原味原貌，面人、糖人、神课、杂耍、水磨、驯鸟、高跷、马球、科举考试……诸般百艺，古代市井百态，都被聪明的开封人生动鲜活地端到游客面前。

　　游戏是人的天性。随着社会的昌明进步，财富的积累和高科技带来的生产效率的提高，休闲娱乐在现代人生活中所占的比重会越来越大。开封的休闲文化内涵极为丰富。众所周知，开封的辉煌时期当数北宋，作为国都 168 年，开封的鼎盛繁华令人叹为观止。开封最不缺的就是名气，拥有丰沛的休闲文化传统资源。开封人的聪明，还在于他们把休闲文化与历史结合起来，许多游乐项目都有历史出处。而宋代的历史名人、历史故事之多，在开封这块古老的土地上演绎的或威武雄壮、或潇洒风流、或缠绵悱恻的悲喜剧，中国人简直是太熟悉了。风流皇帝，说宋徽宗；断案如神，说包青天；英武忠烈，说杨家将；秀色倾国，说李师师……在开封的大街小巷漫游，一不留神，就会遇到千古风流人物向你款款走来，让人平添思古之幽情。大相国寺后院，鲁智深倒拔垂杨柳之处，让你豪气干云；开封府衙前，秦香莲击鼓喊冤之处，让你欷歔流涕；拱桥之上，杨志卖刀的地方让你感叹英雄气短。

　　北方城市普遍缺水，开封不缺，而且水源极为丰富，这是风水宝地的大自然造化。开封有三大名湖，包公湖、龙亭湖、铁塔湖。在不远的将来，开封将开挖现代运河，把三大湖连接起来。沿河亭台楼阁，雕梁画栋，湖畔垂柳依依，莺飞草长。来到开封的朋友只需乘船泛舟，就可以游览主要景点，那该是让人多么抒怀怡神的美好享受啊。人都说"吃在广州"，我说"吃在开封"。开封的吃，是大雅过后的俗，非同寻常。有一次，在"第一楼"用餐，品尝了几道豫菜后，上来了著名的"灌汤包子"，天南海北来的同学都说，没有见识过如此造型精巧、口感鲜美、品牌繁多的小笼包子。晚上，请大家去鼓楼夜市领略开封小吃，那才是独一无二的汴梁饮食文化特色。开封小吃，并不讲"出奇制胜"，而是讲究精工制作的功夫。许多小吃制作手艺世代相传，堪称一绝。一般来讲，地方小吃都有主打风味，如江浙的"甜"、山西的"酸"、湖南的"辣"等，而开封小吃百味俱全。同样是甜，开封的杏仁茶、八宝饭、红薯泥、糯米酒各有各的"甜头"。而筒子鸡、酱牛羊肉能嚼出多少生活的滋味！一碗热腾腾的肚肺汤，温暖你的身心，而用料也只寻常的黄焖鱼、炒凉粉让你感受到平民生活的妥帖和惬意。人在中原，"到开封品小吃"是一个颇具诱惑力的话题，也是接待亲朋好友的一项新的方式。开封本身所具有的雅俗共赏的休闲文化品牌，不仅让开封骄傲，更让每一个河南人自豪。

资料来源:《人民日报》2009 年 2 月 28 日

第九章　中原城市群生态环境建设

在传统发展模式下，城市群为经济的发展付出了一定的生态环境代价，而今在加快中原城市群建设的大背景下，应大力倡导生态文明，积极发展循环经济，促进经济、资源、人口、环境的协调发展。

一　城市化过程中的问题

城市化的快速发展，在促进经济社会快速发展的同时，也给生态环境带来了一系列新的问题，导致城市与自然的冲突不断加剧。具体表现在以下几个方面：

第一，城市人口集中、规模扩大对生态环境的影响。随着城市化的快速发展，大量农村人口不断涌向城市。由于城市环境的自净和恢复能力是有限的，它不可能负担太高的人口密度，随着城市化的发展，城市规模不断扩大，导致城市环境负荷不断增加并恶化。

第二，城市水资源污染。水是人类生产、生活的命脉，是环境组成的一项基本要素。相对于城市数量增长快，人口高度集中，经济高速发展，城市用水集中、量大来说，矛盾显得尤为突出，不仅给城市的工业发展带来障碍，也给人们生活带来了极大不便。

第三，城市热岛效应明显。热岛效应是人类活动对城市区域气候影响中最典型的特征之一。城市过度集中的钢筋水泥建筑物、道路在夏季产生热聚效应，工业生产过程中的燃烧、热炼及废气废渣排放产生的热量，汽车等运输工具排放尾气产生的热量，大量的宾馆、饭店和城市居民集中生炊产生的热量，城市的生产部门、商业服务单位和城市居民家庭大量使用空调产生的热量等，使城市内外气温存在差异。热岛效应会导致热岛环流的产生，在市中心气流辐合上升并在上空向四周辐散，而在近地面层，空气则由郊区向市区辐合，形成乡村风，补偿低压区上升运动的质量损失。这种环流可将在城市上空扩散出去的大气污染物又从近地面带回市区，造成重复污染。

第四，城市固体废弃物污染。固体废弃物主要包括工业垃圾、建筑装饰垃圾和生活垃圾。在工业生产过程中无疑会产生大量的工业垃圾和废物，主要有废渣、废屑与污泥。随着城市化进程的推进，城市人口的大规模集中，排放的生活垃圾数量也越来越多，成为影响城市环境的一个重大隐患。垃圾的简单填埋和随意堆放，侵占了土地、道路等人类生产生活的空间，产生大量酸性和碱性污染物，极易污染土壤、水源和空气，造成二次污染和重复污染，影响城市环境和居民健康。

治理"白色污染"是一项公益对策

吴文伟　刘　竞

由于人们没有注重废弃塑料的回收和处理，使废弃塑料到处可见。刮风天，树枝上挂满了白色塑料袋；城市郊区的铁路沿线满地是被丢弃的塑料饭盒和塑料瓶；田地里残留着塑料薄膜；公园、闹市街头随地可见被丢弃的各种塑料包装物。大量废弃塑料被人们随意抛弃，影响着市容和破坏着生态环境，这种现象被称之为"白色污染"。"白色污染"的形成经历了从塑料包装制品的研究、生产、销售、使用、废弃、收集、消纳等过程，涉及工业、商业、农业、环卫等部门以及百姓家庭。

据统计，每年有几十万吨的塑料废弃物随同生活垃圾一起堆置和填埋，形成巨大的"白色污染"源，造成地下水及土壤污染，妨碍植物生长，危及人类健康和生存。

"白色污染"的形成是一个复杂的系统。比如塑料工业是我国支柱工业之一，我们不能由于"白色污染"而停止塑料制品工业的生产。再有，由于降解性和价格问题，降解塑料和以纸取代塑料包装难以大范围推广应用；由于收集方式、处理技术的限制及经费不足，负责废弃塑料收集和处理的环卫部门一时难以实现废弃塑料的收集和使用。所以说，"白色污染"的治理不是单靠某个部门、某个行业就能完成的，它是一项全社会系统工程，不只是环境卫生公共对策，更是一项社会性公益对策。

首先应确立"塑料生产者、使用者共同对塑料垃圾处理承担责任"的原则，通过税收调节和废弃塑料处理费收取的经济手段，推动降解塑料的生产和使用。

其次是改变生活垃圾收集方式，建立回收系统。把目前的垃圾混合收集改变为分类收集，将塑料与其他成分分别收集，这有助于对废旧塑料的回收、处理和再生利用。

再就是政府应该支持建立回收系统，成立回收机构，对回收和再利用机构给予税收上的优惠及资金上的帮助，按照回收量和利用量给予补贴；支持对塑料取代品和废弃塑料处理、再生利用技术的研究；加强塑料取代品和降解塑料领域的科技投入，开发降解性能优良的塑料及其他材料以降低成本，促进产业化发展。

资料来源：《中国建设报》2009 年 7 月 9 日

第五，城市大气污染。随着城市化和工业化进程的加快，城市中生产、生活释放的二氧化硫、碳氧化物等有害气体和气溶胶颗粒物，不仅造成大气污染，同时还会改变局部气候。工业的快速发展和机动车辆的增加，使得一些城市交通拥挤，空气污染严重。工业生产中产生的化学气体，城市固体垃圾和污水产生的有害气体，生产生活中排放的粉尘，汽车和其他运输工具产生的尾气，人流集中产生的秽气和人车集中活动激起的灰尘，这些有害气体和粉尘首先通过对空气的污染，再污染人类、水体、动植物，由此造成对人体、动植物和生产生活设施的损害。

第六，城市化对生态环境的影响。城市化的发展使得原有的自然或半自然生态系统完全被人工生态系统取代。原有的森林、草地和农业景观完全丧失，取而代之的是以不透水物质为主的固化基质，失去了演变和进化的基本动力，使得对制造环境净化能力、修复能力的生物系统遭到破坏，从而导致各种生态链破坏，大大减弱了自然界的环境净化能力和修复能力。

快速城市化导致北京"城市干岛"效应增强

王 月

随着城市规模的扩大，北京冬季"城市热岛"和"城市干岛"效应增强。北京20世纪80年代以前可谓城市化缓慢期，冬季可见"城市湿岛"状况。而今已转变为城市化快速期，呈现出"城市干岛"现象，这一转变加速了云下降水物的蒸发过程，使北京城区及南部地区的地面降水相对减少。

研究结果表明：在城市化缓慢期，北京地区南部为降水相对较多地区，北部为降水相对偏少地区；在城市化快速期，相对降水量的分布则正好相反，南部地区成为降水相对较少地区，而北部变为降水相对偏多地区。发生这样变化的重要原因之一，是随着城市规模的扩大北京冬季"城市热岛"和"城市干岛"效应增强，特别是在城市化缓慢期冬季的"城市湿岛"逐渐转变为城市化快速期的"城市干岛"，这一转变加速了云下降水物的蒸发过程，使城区及南部地区的地面降水相对减少。

北京及其周边地区是我国近几十年快速发展的城市群之一。在上世纪 80 年代以前，北京城区集中在现在的二环路以内；1980年以来北京城市化进程加快：1984 年三环路通车，1990 年四环路建设，2003 年五环路全线通车，现在六环路建设已近尾声，北京市中心城区从约 60 平方千米，发展到目前的约 300 平方千米。最近几年，东起定福庄，西到石景山，北起清河，南到南苑，方圆1040 平方千米内的城市化进程更是发展迅速。

虽然已有许多关于北京"城市热岛"效应方面的研究工作，指出北京的"城市热岛"强度有随城市化进程增强的趋势，但城市化进程对北京地区降水影响的研究并不多见。

随着城市规模的扩大以及人口的增长，加上华北地区的连年干旱，北京的城市供水及工农业用水出现逐年紧张的状况，成为北京及周边地区发展的制约因素。降水是水资源的重要来源。因此，研究城市化对北京及其周边地区降水的影响，对了解北京水资源现状及其变化趋势，解决北京水资源短缺等问题会有很大帮助。

资料来源：《北京日报》2008 年 12 月 24 日

二　城市群循环经济发展模式

循环经济就是按照自然生态物质循环方式运作的经济模式，它要求用生态学规律来指导人类社会的经济活动。循环经济以资源节约和循环利用为特征，也可称为资源循环型经济。在现实操作中，循环经济需遵循减量化原则、再利用原则和资源化原则。发展循环经济，要求摒弃粗放式经营方式、在企业中推行清洁生产，提高能源和原材料的使用效率，改进生产工艺和流程，对可能产生的污染进行全程控制。

循环经济发展模式是指在资源投入、企业生产、产品消费及其废弃的全过程中，把传统的依赖资源消耗增长的经济发展模式，转变为依靠生态型资源循环发展的经济发展模式，是一种全新的经济发展模式。它要求遵循生态学规律，合理利用自然资源和环境容量，在物质不断循环的基础上发展经济，使经济系统和谐地纳入到资源生态环境系统的物质循环过程中，实现经济活动的生态化。这种发展模式倡导的是一种与生态环境和谐的经济发展模式，遵循"减量化、再利用、资源化"的原则，以达到减少进入生产流程的物质量、以不同方式多次反复使用某种物品和废弃物的资源目的，是一个"资源——产品——再生资源"的闭环式循环过程，实现"排放废物"到"净化废物"到"利用废物"的过程，达到最佳生产、最适消费、最少废弃的目的。

与传统经济发展模式相比，循环经济发展模式具有明显的优势：第一，它建立在资源循环利用的基础之上，可以充分提高资源和能源的利用效率，最大限度地减少废弃物排放和保护生态环境，这是符合当前我国"节约资源和保护环境的基本国策"的经济发展模式。第二，它以协调人与自然的关系为准则，充分做到资源的可持续利用，能够实现经济发展、资源利用、环境保护的综合发展。这是与建设生态文明相适应的经济发展模式。第三，它强调节约资源，有效利用资源，在生产和消费中以最小成本追求最大的经济效益和生态效益，并且采取的是低开采、低投入、低排放、高利用的发展模式，可以使经济社会又好又快发展。

城市群循环经济发展模式，是指将循环经济观引入城市群区域经济发展的全过程，是一种以追求更大经济效益、更少资源消耗、更低环境污染为目标的先进的经济发展模式。其遵循生态系统和经济活动系统的基本规律，以经济效益为驱动力，以绿色

GDP 核算体系和可持续协调发展评估体系为导向，按照"3R"生产法则，通过优化产品生产至消费的整个产业链结构，实现物质的多极循环使用和产业活动对环境的损害程度达到最小的一种生产经营模式。其实质就是要以环境友好的方式，利用自然资源和环境容量，实现城市群经济活动的生态化转向。这一经济发展模式将生态环境保护与城市群经济发展融为一体，把城市群区域经济活动组织成为"自然资源——产品——废弃物——再生资源"的循环式流程，所有的投入品和能源都能在这个不断进行的循环中得到最合理的利用，从而使城市群区域经济活动对生态环境的影响减小到最低程度。

城市群是工业化、城市化进程中，区域空间形态的高级现象，城市群的组合及其发展战略的实施，有利于弥补单体城市发展的不足和促进区域城市群体规划和发展的整合，产生巨大的集聚经济效益和生态效益，从而有效地提高区域城市整体的竞争力。

城市群循环经济发展模式，作为一种全新的经济发展模式，它把经济发展与环境保护统一起来，对城市群从不同角度产生不同程度的影响，并能够在一定程度上解决城市群发展过程中所面临的问题。

目前，城市群发展中存在着部门垄断和地方保护现象，区域内的单体城市各自为政，城市发展的目标大体相同，对区域容易开发的自然资源，各城市争相利用，产业层次低、结构趋同问题不同程度地存在，导致整个区域内资源浪费，更增加了对自然资源的压力。循环经济所倡导的新理念能够有效地加深城市群产业结构调整的深度。根据 3R 原则，循环经济的核心是资源和能源的少投入，而社会产品产量不减甚至增加。发展循环经济，要求摒弃粗放式经营方式，在企业中推行清洁生产，提高能源和原材料的使用效率，改进生产工艺和流程，对可能产生的污染进行全程控制。循环经济发展模式能广泛进入工业、农业、服务业等多个领域，深入到生产、消费、回收的各个环节，带动城市群产业结构调整朝科学化、合理化、良性化方向发展。在环境保护方面，发展循环经济就是保护环境。循环经济的根本之源就是保护日益稀缺的环境资源，提高环境资源的配置效率。在经济快速发展的进程中，城市群中一些城市和地区的大气质量、水环境质量以及农田的土壤质量不断下降，这些生态环境问题已成为制约城市群经济社会可持续发展的重要因素。因此，城市群应该成为发展循环经济的先行地区和重点地区，应采取坚决、有力的措施，真正实现城市群区域经济与生态环境的协调发展。

发达国家循环经济的四种模式

美国杜邦模式——企业内部的循环经济模式

通过组织厂内各工艺之间的物料循环，延长生产链条，减少生产过程中物料和能源的使用量，尽量减少废弃物和有毒物质的排放，最大限度地利用可再生资源；提高产品的耐用性等。杜邦公司创造性地把循环经济三原则发展成为与化学工业相结合的"3R制造法"，通过放弃使用某些环境有害的化学物质、减少一些化学物质的使用量以及发明回收本公司产品的新工艺，到1994年已经使该公司生产造成的废弃塑料物减少了25%，空气污染物排放量减少了70%。（大型企业内部的生态平衡）

丹麦工业园区模式

按照工业生态学的原理，通过企业间的物质集成、能量集成和信息集成，形成产业间的代谢和共生耦合关系，使一家工厂的废气、废水、废渣、废热或副产品成为另一家工厂的原料和能源，建立工业生态园区。典型代表是丹麦卡伦堡工业园区。这个工业园区的主体企业是电厂、炼油厂、制药厂和石膏板生产厂，以这4

个企业为核心，通过贸易方式利用对方生产过程中产生的废弃物或副产品，作为自己生产中的原料，不仅减少了废物产生量和处理的费用，还产生了很好的经济效益，形成经济发展和环境保护的良性循环。（区域生态平衡）

德国 DSD——回收再利用体系

德国的包装物双元回收体系（DSD）是专门组织回收处理包装废弃物的非盈利社会中介组织，1995 年由 95 家产品生产厂家、包装物生产厂家、商业企业以及垃圾回收部门联合组成，目前有1.6 万家以上企业加入。它将这些企业组织成为网络，在需要回收的包装物上打上绿点标记，然后由 DSD 委托回收企业进行处理。任何商品的包装，只要印有它，就表明其生产企业参与了"商品包装再循环计划"，并为处理自己产品的废弃包装交了费。"绿点"计划的基本原则是：谁生产垃圾谁就要为此付出代价。企业交纳的"绿点"费，由 DSD 用来收集包装垃圾，然后进行清理、分拣和循环再生利用。（产品链生态平衡）

日本的循环型社会模式

日本在循环型社会建设主要体现三个层次上。一是政府推动构筑多层次法律体系。2000 年 6 月，日本政府公布了《循环型社会形成促进基本法》，这是一部基础法。随后又出台了《固体废弃物管理和公共清洁法》、《促进资源有效利用法》等第二层次的综合法。在具体行业和产品第三层次立法方面，2001 年 4 月日本实行《家电循环法》，规定废弃空调、冰箱、洗衣机和电视机由厂家负责回收；2002 年 4 月，日本政府又提出了《汽车循环法案》，规定汽车厂商有义务回收废旧汽车，进行资源再利用；2002 年 5 月底，日本又实施了《建设循环法》。

资料来源：《河南日报》，2007 年 5 月 30 日

城市群循环经济发展模式包括：

第一，循环型生产模式。循环型生产模式是指通过推广清洁

生产，发展生态工业园，在企业之间和园区之间，按照自然生态系统的模式，构筑生态工业链，建立物质交换关系，是对高消耗资源、污染环境、破坏生态的传统生产模式的根本变革。

第二，循环型流通服务模式。该模式是指将减量化、再使用、再循环的原则，落实到流通服务产业的各行业和各部门，减少流通服务主体、服务对象和服务途径的直接或间接环境影响，促进经济社会可持续发展。

第三，循环型消费模式。循环型消费模式充分体现了可持续发展观所特有的统筹人与自然的关系，促进经济、生态、社会三位一体、协调发展的基本理念，体现了新消费观，强调废弃物再资源化。选择循环消费是城市群经济社会可持续发展中非常重要的一环。

三 中原城市群生态环境建设的对策

第一，树立生态文明观念。大力加强生态建设，有效治理环境污染，合理开发利用资源，加快发展循环经济，促进区域可持续发展。

加强生态建设。坚持生态保育、恢复与建设并重，重点抓好六大生态工程建设。一是在黄河大堤两侧和黄河滩区，依托黄河标准化堤防，布局建设黄河生态工程，完成大堤造林总面积 39 万公顷，继续实施堤防加固、河槽疏浚和控导、安全撤退道路、避水连台等黄河治理与安全建设工程，使黄河两岸成为横跨中原城市群的生态涵养带。二是沿南水北调中线工程总干渠两侧，布局建设南水北调中线绿化工程，规划造林面积 0.44 万公顷，同步建成总干渠、支渠工程和绿化工程，使南水北调中线工程沿线成为纵贯中原城市群的生态走廊和绿色风景线。三是加强伏牛山区生态保护与建设，规划造林面积 132 万公顷，使豫西南连绵起伏的山地丘陵地区成为中原城市群西南部的生态屏障和重要的水源涵养地。四是加强南太行绿化，规划造林面积 27 万公顷，改善境内太行山及其南麓地区的植被和生态现状，使太行山区成为中原城市群西北部的生态屏障。五是在中原城市群东部平原地区，实施沙化治理及平原防护林工程，规划造林面积 17 万公顷，减少风沙危害，调节气候，涵养水土，使之成为中原城市群东部的生态涵养区。六是在各城市周边地区，布局建设环城防护林工程，规划造林面积 12 万公顷，构建城市外围地区森林生态带，形成城在林中、林在城中的绿色城市景观。通过六大生态工程建设，努力构筑城镇连绵带、产业密集带与生态涵养带相互交融的空间发展格局。

加强环境治理和保护。优先保护和着力改善城市饮用水源水质，抓好重点流域水污染防治，大力实施城市河道整治工程和污染防治工程。大力推进节能降耗，全面推行清洁生产，抓好一批循环经济试点地区和企业的建设。

要树立正确的资源、环境与经济社会的发展观，彻底改变过去那种以牺牲环境、破坏环境为代价的粗放型增长方式，正确处理人与自然、社会与环境的关系。加强对自然资源的合理开发利用，保护生态环境，促进人与自然的和谐发展，使人们树立自然资源的价值观和新的消费观念，把保护自然、尊重自然、维护人类生存和经济持续发展作为一个道德准则，促进经济社会的可持续发展。

在全社会大力开展资源环境道德教育。要运用生态环境管理的考核指标树立政府官员的生态与循环经济理念。通过科学设计考核指标，引导大家树立生态意识。无论是运用绿色 GDP 指标，还是运用 HDI（人类发展指数）指标，都会促进政府官员生态意识的培养。要培养企业的生态环境意识，引导企业自觉忠实地参与环境保护和环境建设，使之真正成为发展循环经济的主体。要培养市民的生态环境意识，提升市民对于环境建设的认知程度，使市民通过各种渠道广泛参与到生态建设的活动中。

据报道，上海市绿化委员会日前向全市发出了"人人行动、添绿上海、共迎世博"的倡议。市民参与爱绿活动的方式除了参加植树以外，还可以立足于"身边增绿"，如单位绿化、村庄绿化、校园绿化、营区绿化、居住区绿化、河道绿化、立体绿化、屋顶绿化等建设过程中的爱绿行为。倡议鼓励社会各界人士从家庭做起、从单位做起、从居住小区做起，为改善环境尽力，市民可以通过志愿种绿护绿养绿等行动参与建设生态上海。

目前，上海正以迎世博为契机，创建"绿色世博"。以节能减排和环境质量改善为核心，滚动实施环保三年行动计划，连续9年环保投入占同期生产总值3%以上，环境基础设施不断完善，重点地区污染整治成效显著，主要污染物排放总量持续下降，环境质量稳步改善。作为一个特大型城市，上海结合旧区改造和城市功能布局调整，大规模推进绿化建设，截至2008年底，全市绿地总量为3.42万公顷，绿化覆盖率达到38%。世博会前上海还将新建各类绿地1000公顷以上，新增林地3万亩以上。世博公园、辰山植物园、大连路绿地、董家渡绿地、中兴路绿地、嘉定远香湖公园、崇明新城公园等一大批公共绿地都将在世博前全面建成。

同时，上海郊区将以贯彻落实上海市委、市府印发的《关于推进林业健康发展，促进生态文明建设的意见》为契机，进一步推进沿海防护林、长江防护林、农村四旁林和水源涵养林建设。充分利用A2、A5、A12、A30等高速公路两侧、河道两侧空间，加强通道防护林建设。结合化工区、工业区建设推进防污隔离林，逐步形成由沿海防护林、水源涵养林、防污染隔离林、通道防护林等公益林组成的城市生态屏障，进一步维护城市生态安全。同时，鼓励农民结合农业产业结构调整，营造经济果林。① 上海采取的"身边增绿"活动，值得学习和效仿。

第二，构建生态环境综合决策体系。在制定区域经济和社会发展规划、土地利用规划、调整产业结构和生产力布局等重大决策时，必须充分进行环境影响综合评价，使环境与发展之间形成一种利益协调和相互制衡的机制。

第三，建立有效的生态环境管治体系。据报道，国家林业局与湖北省人民政府签署备忘录，决定投资405亿元，合作建设武汉城市圈国家现代林业示范区，这标志着我国首个以城市圈为核心的现代林业示范区建设正式启动。

合作备忘录明确：通过建设示范区，2020年武汉城市圈森林覆盖率要达到30%以上；道路、河流绿化率达到95%以上；生态补偿率达到100%；活立木蓄积量达到1.2亿立方米以上；林业产业总产值要达到300亿元，对财政年贡献不低于30亿元。

示范区建设的具体内容包括：完成集体林权制度、国有林业场圃管理体制、森林分类经营管理体制三项重大改革；构筑完备的林业生态体系、发达的林业产业体系、繁荣的生态文化体系、先进的林业科技和基础保障体系等四大林业体系；全面提高森林覆盖率和道路、河流绿化率，增加生态公益林、活立木蓄积量。

示范区将开展多项林业生态体系建设，其中包括湿地恢复、绿色生态网络、矿区植被恢复等示范建设工程。与此同时，示范区还将创新合作共建与投资建设机制，政府将搭建投融资平台，吸引国内外资金投入林业示范区建设，并将积极推行绿色信贷、绿色基金和绿色证券。

示范区建设规划估算约需资金405亿元，其中生态建设283亿

---

① 刘维光、倪超英：《中国建设报》，2009年6月25日。

元、产业建设 115 亿元、生态文化建设 5 亿元、科技和基础设施建设 2 亿元。生态建设资金以政府投资为主,林业产业建设及其他建设资金以市场为主导多渠道筹措。

武汉城市圈位于湖北东部,包括武汉、黄石、鄂州、黄冈、孝感、咸宁、仙桃、天门、潜江等 9 市,是全国资源节约型和环境友好型社会建设综合配套改革试验区。①

生态环境建设需要政府采取措施,大力支持。只有如此,才能取得良好的效果。

第四,推进中原城市群主体功能区的形成。城市群重点开发区和优化开发区所面临的环境问题更突出地表现在污染控制方面,政策思路应是在严格环境准入标准和加强环保执法力度的基础上,充分发挥市场机制的作用,注重发挥经济激励型和自愿型环境政策的激励引导作用,对清洁环保技术和其他环境友好型的技术创新给予补贴、税收退还等,以推动环保技术的不断发展。

限制开发区和禁止开发区,这两个区域承担更多的生态功能,而且很难通过市场的手段来解决,需要发挥政府的主导作用,在政绩考核、财政转移支付等方面,政府都要给予大力支持。

第五,不断提高生态环境质量。中原城市群应严格保护水源涵养区、自然保护区、风景名胜区、森林公园、湿地、坡度大于 25 度的山体丘陵和其他重要的生态版块。通过封山育林、退耕还林、退田还湖、生态移民、政策补偿等措施,进一步提高生态版块的生态保障功能。

同时,应加强建设黄河、淮河及其支流和带状绿地等生态走廊,保护沿岸丘陵、农田、河滩湿地,建设乔、灌、草结合的沿河绿带。生态走廊与生态版块沟通联系,共同形成网络化的生态

---

① 高保生、杜若原、顾仲阳:《人民日报》,2008 年 12 月 17 日。

体系，为城市建设构筑区域生态质量安全体系。

森林是地球之肺。据报道，2008 年 12 月 16 日，湖北省政府与国家林业局在武昌就建设武汉城市圈国家现代林业示范区签署合作备忘录。这意味着，未来十多年内，武汉城市圈将装上动力强劲的"绿肺"。

构建四大体系。构筑完备的林业生态体系、发达的林业产业体系、繁荣的生态文化体系、先进的林业科技和基础保障体系四大林业体系。到 2020 年，区域现代林业体系基本建成，生态功能有效发挥，产业结构优化升级，林业经济效益显著提高。

森林覆盖率达到 30% 以上。合作备忘录分 2012 年和 2020 年两个阶段，对武汉城市圈国家现代林业示范区建设所要达到的目标进行了明确，其中到 2020 年的目标分别是：

森林覆盖率：城市圈林地总面积稳定在 210 万公顷以上，森林面积不低于 175 万公顷，森林覆盖率达到 30% 以上。道路、河流绿化率：城市圈高速公路、沟渠及河流两岸绿化率达到 95% 以上。生态公益林：生态公益林管护率达到 100%，补偿率达到 100%。活立木蓄积量：达到 12000 万立方米以上。林业产值：城市圈林业产业总产值为 300 亿元，对财政年贡献不低于 30 亿元。

路径以改革创新为动力。经规划估算，武汉城市圈国家现代林业示范区建设约需资金 405 亿元，其中生态建设 283 亿元、产业建设 115 亿元、生态文化建设 5 亿元、科技和基础设施建设 2 亿元。生态建设资金以政府投资为主，林业产业建设及其他建设资金以市场为引导多渠道筹措。①

武汉城市圈提高生态环境质量的做法，值得中原城市群学习。

---

① 黄俊华、涂定卓、赵辉：《湖北日报》，2008 年 12 月 18 日。

农村垃圾治理方案选择

章跃鲜

据初步测算，目前我国农村每年产生约多达 3 亿吨的生活垃圾，这些堆积如山的垃圾，成分十分复杂，有塑料泡沫、塑料袋；有破石棉瓦、碎玻璃、烂酒瓶；还有工业垃圾甚至变质过期的药品及其他有毒、有害物质，严重破坏土壤和自然景观，影响农业生产并成为疾病的传染源，而我国农村垃圾处理设施和方法明显滞后。

如何有效治理农村生活垃圾问题已日益成为社会关注的热点。农村生活垃圾治理应走设施共建与服务共享结合之路。

根据我国农村地区生活垃圾产生源头分布广、集中处理难的实际，坚持"最低投入、最佳效果"的治理思路值得提倡。这样可以统筹规划县（市）、乡镇、村庄的垃圾三级联运处理系统，形成以垃圾处理能力、建设运行规模为标准，以垃圾处理场所为核心，以垃圾中转站运距为服务半径，以垃圾收集点为基础单元的农村生活垃圾"收集——运输——处理"网络系统。按照"统一规划、合理布局、设施共建、服务共享"的原则，突破现有县（市）、乡镇、行政村等行政区域限制，建立跨村域、镇域、县域的"收集——运输——处理"环卫作业链，达到优化配置垃圾处理资源，减少环卫运行成本。这才是农村生活垃圾治理的优化方案。

资料来源：《中国建设报》2009 年 1 月 15 日

第六，搞好中原城市群中心城市生态建设。核心区生态建设的总体构想是：以丘陵生态建设为支撑，构筑核心区社会生态骨架；以交通干线为经纬，建设交通绿色走廊；以江河交通线构建生态网络；以循环经济理念建设生态经济体系；以创建城乡生态片区为方向，构建生态和谐宜居家园。

经过若干年建设，中原城市群一定能建立环境友好型产业体系、生态型城镇体系和环境基础设施体系，通过生态结构培育、环境治理和资源保护，使这一地区成为生态安全、环境优美、人类宜居的生态型城市群。

首都生态建设瞄准新目标

贺慧宇

近年来，北京市全方位加强了生态建设，生态优先取得良好成效。全市林木绿化率达到了 51.6%，山区林木绿化率达到了 70.49%，京石高速等"五河十路"两侧建成了 2.5 万公顷绿化带，城市绿化隔离地区建成了 1.26 万公顷林木绿地，三道绿色生态屏障基本建成，城市中心区绿化覆盖率达到 43%，自然保护区面积占全市国土面积的 8.3%。

对今后的生态建设，北京市提出了建设"人文北京、科技北京、绿色北京"要求，首都生态建设进入了新起点。其新总体思路是：以科学发展观为指导，以实现生态文明为要求，以建设"绿色北京"为总目标，在建设重点、建设区域、建设模式上实施由数量与面积扩张转移到质量与功能的提升，由中心城转移到新城和远郊区，由单领域、分部门转移到多领域、立体化，构建"山区绿屏、平原绿网、城市绿景"三大生态体系，将北京建设成为山川秀美、空气清新、环境优美、生态良好、人与自然和谐、可持续发展的生态城市。

在今后的生态建设中，北京市将着力做好三个兼顾：兼顾服务功能，提高生态工程的景观、游憩、文化等功能；兼顾城镇建设，搞好城镇绿化、环境整治；兼顾产业发展，因地制宜地发展果树、速生林、牧草等绿色产业，促进农村经济发展，增加农民收入。2009 年将会同相关部门在编制山区低效林改造工程规划的基础上，统筹实施配套基础设施、公共服务设施建设，从 2010 年开始在山区规划新建和改造 50 处森林公园，为广大市民提供开放式、自然生态的森林旅游场所。北京市还将创新建设机制，不断增强生态建设的活力。为此该市将积极推动集体林权制度改革；逐步完善生态补偿机制，在补偿依据、补偿标准、补偿途径、市场融资等方面开展研究，在现有生态公益林补偿机制的基础上逐步积极探索建立科学的生态补偿机制。此外，还将加强对国家级、市级森林公园的管理，逐步将全市国家级、市级森林公园纳入城市绿地管理体系，落实管护投入。

资料来源：《中国建设报》2009 年 1 月 15 日

第十章　国外城市群发展
经验及启示

　　加快以郑州为中心的中原城市群建设步伐，切实走出一条有别于传统模式的工业化、城市化发展新路，结合河南实际，借鉴国外城市群发展的经验，实现中原城市群的跨越发展，是当前迫切需要关注的重要问题。

一　国外城市群的基本情况

（一）国外城市群的发展

　　国际上许多城市的发展说明，城市经济的集聚效应是以规模发展为特征的，其规模下限的城市人口数是 10—15 万人，即低于 10—15 万人的城市，人均国民生产总值比 2—5 万人的城市效益高出 40% 以上，100 万人口以上的特大城市更是区域发展的核心。特大、大中城市占地少、集聚效益高。[1]

　　国际上一般认为，城市人口占全国或地区总人口比重达到 70% 以上，为城市化高度发展状态；达到 40% 以上为城市化中等发展状态；在 20% 以下则为城市化低水平状态。目前，世界上一半以上的人口居住在城市。[2]

---

　　[1]　张鸿雁：《论中国 21 世纪初城市化与城市现代化优先战略选择——与发达国家及地区城市化比较中国应采取的战略与对策》，《南京社会科学》，2000 年第 10 期，第 50—58 页。

　　[2]　同上。

　　1939 年，美国学者杰佛逊（M. Jefferser）分析了世界上 51 个国家的城市状况，发现多数国家首位城市规模往往比其他城市大得多，而且这个第一位的大城市在整个区域中发展成为网状结构体的中心和经济与政治中心。这是由城市的首位度决定的。[①] "城市中心、郊区、城市核心、城市边缘等等概念，说明城市的系统在扩张，并朝着网状关系发展，这在全世界最发达的城市地区都能够看到，巴黎的网状体系远远超过巴黎本身。"[②]

　　据联合国发布的《世界城市化展望》表明，1975 年以来，50 万人口以下的中小城市人口占世界城市人口的比例不断下降，从 1975 年的 54.8% 下降到 2000 年的 50.0%，预计到 2015 年还会下降到 47.6%。而人口超千万的大城市在世界城市的各规模等级系列中，无论是人口数量，还是增长率，都是最快的，即从 1975 年的 5 个、6838 万人、占世界城市人口的 4.4%，持续增长到 2000 年的 19 个、26265 万人、占世界城市人口的 9.2%，预计到 2015 年达到 23 个、37474 万人、占世界城市人口的 9.8%。[③]

　　国外城市群的发展经验，对于中原城市群的建设具有重要的借鉴意义。

（二）国外主要城市群介绍

　　国际上主要以美国东北海岸大城市连绵区、英国东南部大城市连绵区、德国鲁尔大城市连绵区、日本东海道大城市连绵区等为代表。

　　美国东北海岸大城市连绵区是指美国东北部大西洋沿海地区

---

① 首位度指中心城市在区域城市体系中的地位

② 张鸿雁：《论中国 21 世纪初城市化与城市现代化优先战略选择——与发达国家及地区城市化比较中国应采取的战略与对策》，《南京社会科学》，2000 年第 10 期，第 50—58 页。

③ 原新、唐晓平：《都市圈化：一种新型的中国城市化战略》，《中国人口·资源与环境》，2006 年第 4 期，第 7—12 页。

的一个狭长区域，以波士顿、纽约、费城、巴尔的摩、华盛顿大都市区为核心，跨越 12 个州和 1 个特区，南北绵延的距离长达800 公里。该区域土地面积不到全国的 2%（18 万平方公里），但集聚了全国近 18% 的人口（5200 万）和 25% 以上的 GDP（3.2 万亿美元），在世界经济中占据 6% 的份额。当前，该区域已经形成了以金融、保险、房地产、教育、医疗、信息、专业和技术服务等知识密集型产业为核心的产业体系。

当前，该地区面临的主要问题是郊区无序蔓延引起的生态系统退化、土地资源浪费和交通拥堵加剧。从 1982—1997 年，在人口只增长 7% 的情况下，城镇建设用地却增长了 39%。2004 年，该地区因高速公路拥堵造成损失 149 亿美元。郊区化还引起机动车行驶里程增加，造成能源的大量消耗。以人均汽油消费来看，美国是欧洲的 4 倍，是亚洲城市的 9 倍，严重影响国际能源安全和政治格局。

近年来，美国开始重视区域的统筹协调发展，提出"精明增长"（SmartGrowth）发展理念，取得了较大成效。[①]

以伦敦为中心的英国东南部大城市连绵区，总面积为 2.73 万平方公里，现有人口 1898 万，是英国经济和社会发展水平最高的地区，其 GDP 占据全英国总额的 15%，也是公司总部的主要聚集地。这里集聚了全国约 1/4 的研发机构，有 24 所大学，71 所学院和再教育机构，有 11 处"国家杰出自然景观保护区"。该地区还是英国与欧洲联系的桥头堡，坐落在欧洲最主要的经济发展地区——"蓝色香蕉"范围内，是英国通往欧洲的主要商务通道和英法海峡的主要联系走廊。

与中国目前高速的城镇化进程不同，英国的城市已经进入成熟的发展阶段，变化并不剧烈。但是英国的规划体系，包括其中

---

① 中国工程院"大城市连绵区"项目组：《中国建设报》，2008 年 12 月 23 日。

的法规一直处于反思、改革、创新之中，并根据条件变化不断地做出调整。①

德国鲁尔大城市连绵区包括20个市，11个地区，总面积0.71万平方公里。2004年，该地区人口1150万，占全国的13%。鲁尔大城市连绵区以莱茵河、鲁尔河为纽带，主要经济中心城市有多特蒙德、波鸿、埃森、杜伊斯堡、科隆和波恩等。这个区域早在中世纪时期就形成了比较密集的居民点，现在依然是世界上最大的工业地区之一。鲁尔是世界上最大和开发最早的煤矿之一，依托煤炭资源发展的钢铁、化工等重工业曾在世界上举足轻重，影响力长达百年以上。自20世纪60年代以来重工业持续衰退，整个区域进入艰难的转型期并取得卓有成效的复兴。

2004年，鲁尔区域协会（RVR）成立。这个组织的职能是统筹管理鲁尔区的市场，管理环境和休憩设施的设置，制定空间秩序规划，负责地区的地理测绘和地理信息系统管理。鲁尔区域协会希望将鲁尔区变成一个统一的行政管区，行使统一的区域规划和管理权。尽管对这样一个设想还存在很多争议，但其意义在于：改变该地区被四个"管区"的区域规划所割裂的局面，有效整合地区资源，并且探索地区的深入合作机制，为未来的区域管理改革做好准备工作。②

日本东海道大城市连绵区指"从东京到大阪"的太平洋沿岸带状地域，包括京叶、京琦、东京、横滨、静冈、名古屋、岐阜、京都、大阪等地区。该区域面积7.14万平方公里，占日本全国的20%，人口超过6000万，占全国的50%以上。集中了全国2/3的工业企业、3/4的工业产值、2/3的国民收入、80%以上的金融、教育、出版、信息和研究机构。全国12个人口在百万以上的大城

---

① 中国工程院"大城市连绵区"项目组：《中国建设报》，2008年12月23日。
② 同上。

市中的 11 个分布都在该区域。

但是，该地区也出现了许多问题：一是东京商务功能不断集聚，迫使居住功能转向城市远郊地区；二是大量农村人口转移到东京、大阪等大城市，造成人满为患，穷人居住环境恶劣。农村人口的流失导致农村生活困难，村落社会大量解体；三是高速工业化时期片面追求经济高增长，导致环境迅速恶化。进入 20 世纪 80 年代，在大量生产、消费理念的引导下，生活垃圾规模越来越大，新的污染现象不断出现；四是产业与人口大量集中，使区域抵抗自然及人为灾害的能力显著降低。

针对以上问题，日本政府采取了积极措施：一是通过国土综合开发，实施人口和产业疏散，解决过度集中导致的地价飞涨和功能单一问题。在大城市连绵区内部，以首都圈规划为代表，强调分散东京都的功能，形成水平网络型的城市结构关系。二是以提高用地效率（容积率），并配合高效的公共交通系统来解决住房和交通问题。日本较早认识到小汽车无法解决大城市连绵区的交通问题，很早就提出城市交通以公共交通为主，大城市交通又以轨道交通为主的方针和策略，从而有效地缓解了区域的交通问题。三是认真解决生态与环境问题。自 1967 年颁布《环境污染控制基本法》以来，日本先后颁布了近 30 部相关的法律法规，基本解决了生态与环境问题。四是通过建立国土开发新结构和大规模的产业开发项目来解决地区差异问题，通过"生活圈"的建设来振兴地方经济，控制人口和产业向大城市集中，推进国土的均衡发展。[1]

---

[1] 中国工程院"大城市连绵区"项目组：《中国建设报》，2008 年 12 月 23 日。

二　国外城市群的发展特点

第一，城市集中平原。在平原地区建设城市成本较低，便于生产要素优化配置。如日本最大的平原是东京附近的关东平原，其次是名古屋附近的浓尾平原和京都、大阪附近的畿内平原。在工业化过程中，这三大平原逐渐发展成三大城市群，它集中了日本全境63.3%的人口和68.5%的国民生产总值。

第二，城际网络畅通。交通运输业和信息产业，是国外城市群发展的主要战略突破点。国外城市群大多拥有由高速公路、高速铁路、航道、通信干线、运输管道、电力输送网和给排水管网体系构成的区域性基础设施网络，其中发达的铁路、公路、航道设施构成了城市群空间结构的骨架。在城市群各城市之间，总有一条产业和城镇密集分布的走廊，通过发达的交通、通信网络相连。

第三，城市体系合理。城市群是一个巨大的城市群体，是一个包括大、中、小城市和市镇的城市群体。其中，中心城市在城市群的形成和发展中起着主要作用。中心城市是人口与产业集聚的中心，世界上已形成的城市群中，中心城市都是由2个以上大城市或特大城市组成的。

第四，规划科学合理。纽约、东京、伦敦、巴黎在城市发展初期，规划都以培育基础条件为主要内容，以提高核心城市综合实力和辐射带动能力为出发点。待城市群成熟后，规划则更关心可持续发展，从经济、社会、环境、文化等各个方面进行长远规划。

第五，人口分布密集。如日本东京三大经济圈基本上共同占据了日本近70%的人口。

第六，生态环境良好。伦敦作为一个有700多万人口的国际化大都市，绿地规模大，已形成网络化，城市外围建成了环城绿带，平均宽度8公里，最大宽度达30公里，绿带里不准建造房屋和居民点，阻止了城市的过分扩张，又可作为伦敦农业、游憩区，保持了原有小城镇的乡野风光。

三　国外城市群的发展经验

第一，重视政府的作用。政府在推进城市群的发展过程中具有重要作用。1964年，英国创建了"大伦敦议会"，专门负责大伦敦城市群的管理与发展问题。1990年以来，大伦敦地区又先后引入了战略规划指引，以维持整个城市群战略规划的一致和协调。法国巴黎城市群也是如此。1958年巴黎制订了地区规划，并于1961年建立了"地区整顿委员会"，1965年制订的"巴黎地区战略规划"，把巴黎的发展纳入新的轨道。在政府规划实施的过程中，法国巴黎—里昂城市群就逐渐发展起来。

第二，尊重公众意见。例如，德国政府出台每一项建设项目，首先考虑的因素是人的健康问题；其次考虑环境问题。英国城市改造涉及的拆迁问题，必须行使严格的审批程序，如果社区居民对建设项目不同意，或意见不能达成一致，政府不能强制拆迁。

第三，促进产业集群。产业是城市群发展的支撑。城市群内部各主要城市、港口通过垂直和水平分工，形成了各异的职能和优势产业部门，促进了城市群的发展。

第四，注重文化发展。巴黎"优雅之都"的城市形象定位，体现了城市的个性化、城市魅力，塞纳河、埃菲尔铁塔、凡尔赛宫、凯旋门以及时装艺术等显示了城市的个性化、城市空间和人居环境完美结合的独特魅力，城市居民文化素质高。

第四，加强城乡协调。欧洲国家重视协调城市与农村、发达地区和落后地区的发展关系。如英国，积极培育新的区域增长极以带动落后地区的发展。

四　国外城市群发展启示

国外比较典型的大城市群，主要以美国东北海岸大城市群、英国伦敦大城市群、德国鲁尔大城市群、日本东海道大城市群等为代表。纵观国外城市群的发展，对中原城市群的发展主要有以下启示：

第一，规划科学合理。纽约、东京等在城市发展初期，规划都以培育基础条件为主要内容，待城市群初步建立以后，规划将进一步完善发展作为主要目标。英国是现代城市规划的发源地，其利用规划手段来引导产业布局、促进萧条地区的发展。近年来，英国政府开始重视区域规划，对区域层面的指导作用开始强化。借鉴国外的经验，我们在进行城市群建设时，一定要搞好城市总体规划、镇总体规划，其内容包括：城市、镇的发展布局，功能区分，用地布局，综合交通体系，禁止、限制和适宜建设的地域范围等。同时，应当把规划区范围、规划区内建设用地规模、基础设施和公共服务设施用地、水资源和水系、基本农田和绿化用地、自然与历史文化遗产保护、防灾减灾等内容，作为城市总体规划、镇总体规划的强制性内容写入其中。

第二，建立立体交通体系。利用区位优势，建成立体基础网络设施，是城市群形成的基本条件。城市群形成的基础是优越的地理条件，纽约、伦敦、东京城市群在发展过程中，依托平原，利用港口，结合城市轨道交通、公路、铁路、航空、通信，形成了一套立体交叉的基础设施网络系统，为城市群的发展奠定了良好的基础条件。像日本的东京城市群，仅轨道交通就有 3100 公里，中心城区轨道网的密度达到 0.42 公里/平方公里。无论是"紧凑性城市"还是"精明增长"，或是 TOD 模式与 LUTRAO 计划，都强调发达快捷的城市轨道交通与四通八达的水陆空交通网络。在日本东海道大城市群的发展过程中，日本政府较早认识到小汽车无法解决大城市连绵区的交通问题，较早提出城市交通以公共交通为主，大城市交通又以轨道交通为主的方针和策略，从而有效地缓解了区域的交通问题。这对我国城市群的发展，实现以立体交通建设为城市群发展的突破点，具有重要借鉴意义。因此，在中原城市群的发展过程中，要加速启动快速城市干道、轨道交通等，形成9市公交一体化内环系统；外环由绕城高速连接各城镇组团，形成高速便捷通道。要通过建设一批高速公路和高速铁路，构筑区域间的大通道、主骨架，将中原城市群的集聚力、带动力通过"1＋8"城市群辐射出去。要面对省外，加快建成与周边省份相连的高速公路，构筑由高速公路、铁路、航空港等构成的立体交通网，巩固综合交通枢纽地位。

第三，创新能力是关键。自主创新能力是中原城市群发展活力的重要体现。创新能力的强弱，关系到城市群发展动力的强弱。发达国家推行的绿色和谐技术创新，如实行企业环境行为公告制度、对清洁生产企业的税收优惠制度、循环经济绿色激励制度、循环经济绿色核算制度等，值得我国城市群发展加以借鉴。

第四，主导产业作用突出。始终占领产业发展制高点，大力发展国家战略产业，获得国家层面的支持，是国外城市群发展的重要经验之一。在发展主导产业的同时，还要重视区域的统筹协调发展。如近年来，美国提出"精明增长"（Smart Growth）的发展理念，对土地开发数量、时机、区位、性质进行调控，通过划定"城市服务边界"来约束郊区无序蔓延；地方政府则针对交通拥堵、污染、温室气体排放等特定问题进行非正式合作，针对跨区域的公共机构和基础设施进行统筹等。这种成功经验，对我国城市群的全面协调可持续发展、统筹城乡发展有可借鉴之处。

第五，倡导开放的地域文化。国外五大城市群拥有大量的国外出生的移民，这清楚地表明国家经济和城市群经济正变得越来越错综复杂、密不可分。为了吸纳国际熟练劳动力，通过良好的制度环境和文化氛围来营造浓郁亲和力；洛杉矶等全球性城市发展，移民及移民文化发挥了巨大的作用，联邦政府每年都在艾丽斯岛举办庆祝会，颁发"艾丽斯岛移民奖"给有突出贡献的移民。在中原城市群的发展过程中，郑州需要不断研究政策和创造条件，在继续保持对国内高端人才吸引力的同时，重点吸引境外人才来中原城市群居住、工作与创业，使中原城市群真正成为国际人才的良港和栖息地。

第六，制定政策，重视组织的协调作用。制定以中心城市为依托、带动周边地区经济技术发展的城市群政策，是国外城市群发展的成功经验之一。如日本通过建立国土开发新结构和大规模的产业开发项目来解决地区差异问题，通过"生活圈"的建设来振兴地方经济、控制人口和产业向大城市集中、推进国土的均衡发展。国外各城市群在发展过程中，建立了协调组织，采取了不同的区域协作模式。如2004年，德国成立了鲁尔区域协会，这个组织成立的意义在于，改变该地区被四个"省区"的区域规划所割裂的局面，有效整合地区资源，并且探索地区的深入合作机制，为未来的区域管理改革做好准备工作。相比之下，我国城市群在发展过程中，组织协调机构不健全，机制不完善，政策优惠的作用未能充分显现，这应当引起我们的高度重视。因此，中原城市群可以通过强化中原城市群管委会的职权，工作重心可从单一的组织城市间协议的签订转向协议签订与项目落实并重，对大城市群内的土地利用开发体系、机场体系、高速公路体系、通勤铁路体系、环保体系等做出全盘规划和统筹安排。

第十一章 总结与展望

一 总结

本课题对中原城市群进行了较为系统的研究，同时与其他城市群进行了比较研究。现总结如下：

（一）必须实施中心城市群带动战略

郑州市在中原城市群各城市中居于中心地位。在城市群中，中心城市集经济发达、功能完善、集聚吸引、辐射带动于一体，是城市群的增长极、辐射源和集散地。

中原城市群将构建以郑州为中心，洛阳为副中心，其他省辖市为支撑，大中小城市相协调，功能定位明确、组合有序的城市体系。郑州市是中原城市群的中心城市，要强化其中心城市地位，提高其首位度。

到2020年，预期郑州市中心城区人口规模突破500万，成为全国区域性中心城市；洛阳市中心城区人口规模达到350—400万人；城市群规模进一步发展壮大，对周边城市辐射带动作用增强。

中原城市群发展战略的突破点：从大格局讲，包括郑州、洛阳、新乡、许昌、开封5市构成各核心区的发展，是战略突破点。郑汴一体化区域是中原城市群发展的先导区和核心功能区，到2020年，这一区域在全省将率先基本实现工业化，这是中原城市群发展的第二个战略突破点。立体交通体系的建立，是中原城市群发展的第三个战略突破点，双圈层城市轻轨的建立和郑州市"十"字型地铁线、郑州至其他4市轨道交通的建立并使之合理延展，将形成中原城市群快捷、高效、舒适的城市轨道交通体系。

（二）中原城市群产业发展

产业是中原城市群发展的支撑。要选好主导产业，合理规划产业带，在发展好"四大"产业带的基础上，要积极规划"漯开新"产业带。

（三）搞好中原城市群创新体系建设

城市的活力在于创新，城市群是城市形态创新的结果。要建立科学、合理的中原城市群创新体系。

中原城市群还存在行政区划制约、产业规划和配套协作不够、与其他城市群相比竞争力不强等问题。因此，要争取相应对策，以推动中原城市群创新体系建设。

（四）促进中原城市群城乡一体化发展

中原城市群城乡一体化发展，是改变城乡二元结构的重要战略举措。中原城市群为城乡一体化搭建了良好平台。

中原城市群城乡一体化发展过程中还存在一些问题：一是区域内部发展不平衡；二是户籍制度改革发展缓慢；三是劳动力市场城乡一体化尚未形成；四是社会保障制度城乡差异依然存在；五是农村整体发展滞后。

为此，应采取以下对策：一是优化配置城乡资源，增强农村发展活力；二是加强城乡基础设施建设，促进城乡空间一体化；三是推进城乡产业布局的合理调整和优化配置；四是妥善解决城乡劳动力就业，完善社会保障体系。

（五）建立立体交通体系

在中原城市群的发展过程中，要实施交通导向战略，建立立体绿色交通体系。

要科学制定中原城市群城市交通发展战略，构建交通区位新优势。要大力发展航空运输、巩固提升铁路枢纽地位、建设公路交通运输网、加快郑州东区交通枢纽建设。其中重点发展城市轨道交通，建立双圈层城市轨道交通体系。

要大力发展城市信息化。打造数字城市，提高城市信息化水平，提高城市管理的能力。

（六）城市文化是灵魂

城市文化是城市的灵魂。中原城市群的发展，必须对城市文化建设引起足够的重视。

城市文化有其特征和基本功能。城市文化的特征包括：一是以人为本；二是"以文化人"；三是文化自觉；四是文化保证。文化的基本功能有：一是导向功能；二是约束功能；三是凝聚功能；四是激励功能；五是辐射功能。

在城市文化建设过程中，城市居民是城市文化的主导。城市文化建设必须遵循以下原则：一是中西交融、优势互补；二是实践创新与理论创新相结合；三是行为特点和城市个性相结合；四是具有客观性和可操作性；五是具有感染力和导向性。

城市文化建设的对策：一是要形成城市文化建设的制度环境；二是要高度重视城市文化建设；三是对城市居民要进行激情管理；四是要从成功和失败的案例中汲取有益的东西；五是要适应形势的变化，不断创新、发展城市文化；六是要重视文化产业的发展。

（七）中原城市群生态环境建设

要加快中原城市群的发展，应大力倡导生态文明，积极发展循环经济，促进经济、社会、资源、人口、环境的协调发展。

（八）国外城市群发展的借鉴

国外城市群的发展，对中原城市群具有重要的借鉴意义。一是规划要科学合理。中原城市群发展一定要搞好城市总体规划和镇总体规划。二是要建立立体交通体系。要结合城市轨道交通、公路、铁路、航空、通信，形成一套立体交叉的基础设施网络系统。三是要建立城市创新体系。四是主导产业要突出。五是要制定政策，重视组织的协调作用。

二　展望

中原城市群的发展必将取得成功。这对河南省域的发展、以及促进中部崛起，都具有重要意义。

对城市群的研究，国内外成果较多，但对中原城市群来讲，则显得不足。因此，本课题的研究成果，丰富了中原城市群研究的内容；在实践上，对中原城市群发展采取对策，具有一定的参考价值。中原城市群发展战略突破点的提出、双圈层城际轨道交通体系的建立等，都具有独创性，其意义重大而深远。

由于国家的大力支持，河南省委省政府的高度重视，中原城市群呈现出了加速发展的趋势，其集聚和扩散效应逐步呈现，中心城市带动作用逐步加强。通过中原城市群各城市的共同努力，相信在中国的中部，定会有奇迹出现——中原城市群的崛起！

参考文献

南方报业传媒集团编：《聚焦珠三角　广东再出发》《珠江三角洲地区改革发展规划纲要（2008—2020 年)》解读；南方日报出版社 2009 年版。

厉无畏：《经济全球化下的长三角地区发展战略远景》,《中国城市经济》, 2009 年第 2 期。

刘伟奇：《长三角国家级开发区与城市空间效益比较研究》,《城市问题》, 2009 年第 2 期。

陈群元、喻定权：《我国城市群发展的阶段划分、特征与开发模式》,《现代城市研究》, 2009 年第 2 期。

汪阳红：《城市群治理与模式选择》,《中国城市经济》, 2009 年第 2 期。

齐峰：《泛长三角区域合作机制之探讨》,《三江论坛·宁波经济》2009 年第 1 期。

段进军、张朦娥：《对未来城市可持续发展模式的思考》,《苏州大学学报》(哲社版), 2009 年第 1 期。

李彦军：《精明增长与城市发展：基于城市生命周期的视角》,《中国地质大学学报》(社科版) 2009 年第 1 期。

王伟：《中国三大城市群经济空间宏观形态特征比较》,《城市规划学刊》, 2009 年第 1 期。

刘华军：《区域经济发展模式研究——基于产业集聚持续发展的视角》,《中国财经政法大学学报》, 2009 年第 1 期。

张颢瀚：《论长三角港口群、区域与交通发展的一体互动》,

《南京社会科学》，2009 年第 1 期。

　　成德宁：《城市化、收益递增与经济增长》，《南都学坛》（南阳师范学院人文社会科学学报），2009 年第 1 期。

　　仇保兴：《中国特色的城镇化模式之辨—"C 模式"：超越"A 模式"的诱惑和"B 模式"的泥淖》，《城市发展研究》，2009 年第 1 期。

　　刘文俭：《城市文化品牌建设对策研究》，《城市》，2009 年第 1 期。

　　付晓东、余婧：《创新发展的城市与区域经济研究——2008 年〈城市经济、区域经济〉热点综述》，《区域与城市经济》，2009 年第 1 期。

　　顾朝林、吴莉娅：《中国城市化研究主要成果综述》，《城市问题》，2008 年第 12 期。

　　程必定：《江淮城市群及其主体功能的战略定位》，《城市》，2008 年第 12 期。

　　张秀生、杨刚强：《武汉城市圈一体化的功能及其发展路径选择》，《科技进步与对策》，2008 年第 12 期。

　　王雅莉：《我国城市化战略的演变及政策趋势分析》，《城市》，2008 年第 11 期。

　　陈为邦：《中国城市化思辨》，《城市》，2008 年第 11 期。

　　顾文选、高福美、李梦玉：《中国城镇化发展 30 年》，《城市》，2008 年第 11 期。

　　吴福象、刘志彪：《城市化群落驱动经济增长的机制研究——来自长三角 16 个城市的经验证据》，《经济研究》，2008 年第 11 期。

　　高宜程、申玉铭、王茂军、刘希胜：《城市功能定位的理论和方法思考》，《城市规划》，2008 年第 10 期。

　　叶裕民：《中国城市管理创新的一种尝试》，《中国软科学》，

2008 年第 10 期。

辜胜阻等：《区域经济文化对区域创新模式的影响机制研究》，《经济纵横》，2008 年第 10 期。

尹宏：《创意经济：城市经济可持续发展的高级形态》，《中国城市经济》，2008 年第 10 期。

赵勇、白永秀：《区域一体化视角的城市群内涵及其形成机理》，《重庆社会科学》，2008 年第 9 期。

张攀、徐长乐：《城市群整合与发展战略研究》，《改革与战略》，2008 年第 8 期。

黄祖辉、刘慧波、邵峰：《城乡区域协同发展的理论与实践》，《社会科学战线》，2008 年第 8 期。

王川兰：《竞争与依存中的区域合作行政——基于长江三角洲都市圈的实证研究》，复旦大学出版社 2008 版。

罗海平：《"粤港澳特别合作区"战略的理论基础与框架构想》，《海南金融》，2008 年第 7 期。

周立群、舒萍：《环渤海区域经济发展、问题与对策建议》，《珠江经济》，2008 年第 7 期。

肖金成等：《改革开放以来中国特色城镇化的发展路径》，《改革》，2008 年第 7 期。

袁金明、刘新荣：《论城市群产业协同博弈策略》，《中国集体经济》2008 年第 7 期。

董青、李玉江、刘海珍：《中国城市群划分与空间分布研究》，《城市发展研究》，2008 年第 6 期。

陆大道：《我国区域发展的战略、态势及京津冀协调发展分析》，《北京社会科学》，2008 年第 6 期。

吕方：《长三角地区经济发展方式转变中的文化因素》，《南通大学学报》（社科版），2008 年第 6 期。

魏后凯：《环渤海地区的开发开放战略研究》，《北京社会科学》，2008 年第 6 期。

王昊：《环渤海区域经济发展的制约因素及对策思路》，《新视野》，2008 年第 6 期。

胡彬、谭琛居：《区域空间结构优化重组政策研究——以长江流域为例》，《城市问题》2008 年第 6 期。

陈广汉：《推进粤港澳经济一体化研究》，《珠江经济》，2008 年第 6 期。

王志成、陈继祥、姜辉：《基于特征分析的城市创意经济发展支点研究》，《财经研究》，2008 年第 6 期。

刘晓丽、方创琳：《城市群资源环境承载力研究进展及展望》，《地理科学进展》，2008 年第 5 期。

安树伟：《中国区域经济学发展三十年》，《学术界》，2008 年第 5 期。

刘江华、张强、李雪琪：《国外先进城市提升竞争力的主要经验及启示》，《珠江经济》2008 年第 5 期。

张佐友：《正确处理中国城市化中的十个关系问题》，《北京联合大学学报》（人文社科版），2008 年第 4 期。

冯云廷：《城市化进程中的异化现象及其引申含义》，《青岛科技大学学报》（社科版），2008 年第 4 期。

秦朝钧、闻志强：《中部两大综合配套改革试验区的战略定位研究》，《三峡大学学报》（人文社科版），2008 年第 4 期。

王欢松等：《中部地区"两型社会"建设研究——长株潭城市群和武汉周边八市考察》，《长江论坛》，2008 年第 4 期。

吕斌、祁磊：《紧凑城市理论对我国城市化的启示》，《城市规划学刊》，2008 年第 4 期。

余茂辉：《中部地区工业反哺农业的战略思考》，《皖西学院学报》，2008 年第 4 期。

陈柳钦：《新的区域经济增长极：城市群》，《福建行政学院报》，2008 年第 4 期。

刘新静：《郊区化与逆城市化：中国城市群发展的重要模式》，《南通大学学报》（社科版），2008 年第 4 期。

陈强、尤建新主编：《现代城市管理学概论》，上海交通大学出版社 2008 年版。

陈柳钦：《我国城市经济学科发展动态分析》，《青岛科技大学学报》（社科版），2008 年第 3 期。

李诰、邹德慈：《当前"城镇群规划"热潮中的几点"冷思考"》，《城市规划》，2008 年第 3 期。

祝尔娟：《关于京津冀都市圈发展战略问题讨论综述》，《港口经济》，2008 年第 3 期。

倪鹏飞等：《中国城市竞争力报告》（No.6 城市：群起群飞襄中华），社会科学文献出版社 2008 年版。

孟祥林：《核心城市与腹地间的关系：以京沪为例的经济学分析》，《城市发展研究》，2008 年第 2 期。

王忠平：《我国城市化进程中的宏观调控问题》，《城市发展研究》，2008 年第 2 期。

石忆邵：《创意城市，创新型城市与创新型区域》，《同济大学学报》（社科版），2008 年第 2 期。

张贡生：《论新城市群建设》，《甘肃联合大学学报》（社科版），2008 年第 2 期。

秦尊文：《产业融合：武汉城市圈的主旋律》，《今日中国论坛》，2008 年第 2、3 期合编。

庞晶、叶裕民：《城市群形成与发展机制研究》，《生态经济》，2008 年第 2 期。

熊柏隆：《大长株潭"3＋5"城市群一体化发展走势研究》，《郑州航空工业管理学院学报》，2008 年第 2 期。

刘耀彬：《中部崛起背景下的江西省城市发展群培育及其协控

路径研究》，经济科学出版社 2008 年版。

　　曾鹏：《中国十大城市群综合发展水平：因素分析与综合集成评估》，《中国人口·资源与环境》，2008 年第 1 期。

　　焦锦淼、赵保佑等：《河南文化发展报告（2008）》，社会科学文献出版社 2008 年版。

　　保健云：《国际区域合作的经济学分析：理论模型与经验证据》，中国经济出版社 2008 年版。

　　倪鹏飞主编：《中国城市竞争力报告》（No. 6），社会科学文献出版社 2008 年版。

　　牛凤瑞等：《中国城市发展报告 No. 1》，社会科学文献出版社 2007 年版。

　　刘耀彬：《城市化与资源环境相互关系的理论与实证研究》，中国财政经济出版社 2007 年版。

　　安树伟：《中国大都市区管治研究》，中国经济出版社 2007 年版。

　　徐海贤：《省级都市圈高位协调机构的建立与实施机制》，《城市规划》，2007 年第 11 期。

　　朱同丹：《一般城市融入都市经济圈一体化进程的路径选择》，《城市问题》，2007 年第 11 期。

　　彭智敏等：《武汉城市圈功能提升研究》，《江汉论坛》，2007 年第 11 期。

　　何伟：《区域城镇空间结构与优化研究》，人民出版社 2007 年版。

　　张颢瀚：《泛长江三角洲：世界第六大都市圈未来"一体两翼"新格局》，《社会科学》，2007 年第 10 期。

　　朱翔：《在中部崛起背景下长株潭城市群一体化建设研究》，《城市》，2007 年第 10 期。

　　（日）未来预测研究会著，本书翻译小组译：《都市将变成这样》，北京工业大学出版社 2007 年版。

齐晓斋:《城市商圈发展概论》,上海科学技术文献出版社2007年版。

陶希东:《转型期中国跨省市都市圈区域治理——以"行政区经济"为视角》,上海社会科学院出版社2007年版。

吴缚龙、马润潮、张京祥:《转型与重构中国城市发展多维透视》,东南大学出版社2007年版。

许抄军等:《我国城市化动力机制研究进展》,《城市问题》,2007年第8期。

黄新民等:《公共交通建设与城市可持续发展》,《城市问题》,2007年第8期。

李清娟:《长三角都市圈产业一体化研究》,经济科学出版社2007年版。

吴琳:《宜居城市管理》,人民出版社2007年版。

魏亚力:《中国城市经营论》,中山大学出版社2007年版。

刘志彪、郑江淮:《长三角经济增长的新引擎》,中国人民大学出版社2007年版。

周晓华:《新城模式国际大都市发展实证案例》,机械工业出版社2007年版。

孙翠兰:《西方空间积聚——扩散理论及北京城区功能的扩散》,《经济与管理》,2007年第6期。

张建华、洪银兴:《都市圈内的城乡一体化》,《经济学家》,2007年第5期。

陈炳水:《现代城市发展与管理研究》,中国环境科学出版社2007年版。

周惠来、郭蕊:《中国城市群研究的回顾与展望》,《地域研究与开发》,2007年第5期。

易千枫、张京祥:《全球城市区域及其发展策略》,《国外城市规划》,2007年第5期。

杨波等：《城市化进程中城市集中度对经济增长的影响》，《社会科学研究》，2007 年第 4 期。

任宏、瑃杨：《城市道路交通拥挤问题的经济学分析和对策》，《经济地理》，2007 年第 4 期。

童中贤等：《长株潭城市群转型后的中心城市选择》，《郑州航空工业管理学院学报》，2007 年第 4 期。

王慎敏等：《循环型城市建设绩效评价研究——以珠三角城市群为例》，《中国人口资源与环境》，2007 年第 3 期。

高潮：《天津滨海新区：中国经济增长的第三级》，《中国对外贸易》，2007 年第 3 期。

余典范：《上海浦东新区与天津滨海新区、深圳特区的比较研究》，《上海经济研究》，2007 年第 3 期。

陈伯居：《"逆城市化"趋势下中国村镇的发展机遇——兼论城市化的可持续发展》，《社会科学研究》，2007 年第 3 期。

王召东、樊俊锋：《中外城市群发展及其对中原城市群的启示》，《重庆大学学报》，2007 年第 3 期。

卢卫：《滨海新区的发展优势与环黄渤海经济区的合作前景》，《天津社会科学》，2007 年第 2 期。

叶青等：《论中部崛起过程中区域中心角色的角逐》，《湖北社会科学》，2007 年第 2 期。

王林：《城市交通拥挤的经济学治理研究》，《理论探讨》，2007 年第 2 期。

杨开忠：《论京畿地区区域合作》，《领导之友》，2007 年第 1 期。

郭庆军等：《我国城市地铁交通的发展分析》，《交通企业管理》，2007 年第 1 期。

赵梅等：《中国城市群规划的创新理念》，《上海城市管理职业技术学院学报》，2007 年第 1 期。

张旭建：《中原城市群产业集群发展研究》，《学习论坛》，

2007 年第 1 期。

张颢瀚等：《交通条件引导下的长江三角洲城市空间格局演化》，《江海学刊》，2007 年第 1 期。

倪鹏飞主编《中国城市竞争力报告》（No.5），社会科学文献出版社 2007 年版。

叶嘉安：《中国城市化的第四波》，《城市规划》，2006 年增刊。

迈克尔·波特：《竞争战略》，陈小悦译，华夏出版社 2006 年版。

吴海峰等：《中原城市群与武汉城市圈比较研究》，《学习与实践》，2006 年第 11 期。

左学金：《长江三角洲城市群发展研究》，学林出版社 2006 年版。

陈平：《网格化城市管理新模式》，北京大学出版社 2006 年版。

姜杰：《中国城市趋同化及其治理》，《济南大学学报》（新科版），2006 年第 6 期。

顾朝林等：《长江三角洲城市群发展研究》，《长江流域资源与环境》，2006 年第 6 期。

许经勇：《我国城市化的目标：城乡一体化》，《马克思主义与实践》，2006 年第 6 期。

王维：《长三角交通基础设施一体化研究》，《学海》，2006 年第 6 期。

李廉水、［美］RogerR. stough 等著：《都市圈发展——理论演化·国际经验·中国特色》，科学出版社 2006 年版。

高汝熹：《论都市圈的整体性、成长动力及中国都市圈的发展态势》，《广东社会科学》，2006 年第 5 期。

余维洋：《京津唐经济区协调发展的思路》，《燕山大学学报》（哲社版），2006 年第 4 期。

原新：《都市圈化：一种新型的中国城市化战略》，《中国人口资源与环境》，2006 年第 4 期。

张会新：《城市群竞争力评价指标体系的构建与应用》，《太原理工大学学报》（社科版），2006 年第 4 期。

叶玉瑶：《城市群空间演化动力机制初探——以珠江三角洲城市群为例》，《城市规划》2006 年第 1 期。

张大卫等：《河南城市发展报告》，河南人民出版社 2005 年版。

何伟文：《正确对比中美两国"都市圈"的发展》，《国际商报》，2005 年 6 月 14 日。

张召堂：《中国首都圈发展研究》，北京大学出版社 2005 年版。

姚士谋等：《我国城市群区空间规划的新认识》，《地域研究与开发》，2005 年第 5 期。

于涛方等：《长沙三角洲都市连绵区边界界定研究》，《长江流域资源与环境》，2005 年第 4 期。

倪鹏飞：《中国城市竞争力报告》（No. 3），社会科学文献出版社 2005 年版。

倪鹏飞：《中国城市竞争力报告》（No. 2），社会科学文献出版社 2004 年版。

林先扬等：《国内外城市群研究的回顾与展望》，《热带地理》，2003 年第 1 期。

朱根：《日本都市圈体制与政策创新及启示》，《上海改革》，2003 年第 12 期。

倪鹏飞：《中国城市竞争力报告》（No. 1），社会科学文献出版社 2003 年版。

官卫华等：《关于城市群规划的思考》，《地理学与国土研究》，2002 年第 1 期。

邢怀滨等：《城市群的演进及其特征分析》，《哈尔滨工业大学学报》，2001 年第 4 期。

后　记

　　近年来，中原城市群的发展引起了社会各界的密切关注，河南省委、省政府也高度重视。中原城市群的发展对促进河南省域的发展，以至中部崛起，都具有重要的意义。

　　郑汴一体化区域率先基本实现工业化，将是中原城市群发展的战略突破点。这一区域总面积约 478 平方公里，其中重点开发区域为 167.12 平方公里。围绕这一区域确定郑汴产业带发展规划。从郑州和开封的发展规划来看，最容易实施的是郑州、开封一体化。中原城市群立体交通体系的建立，将是中原城市群发展的又一战略突破点。尤其是郑州市一号线、二号线地铁的开工兴建，郑州到周边各市的城市轻轨，围绕郑州市的圈层城市轻轨以及围绕除郑州、许昌以外 7 个城市的圈层城市轻轨的修建，将大大推进中原城市群一体化的发展步伐。中原城市群核心区域包括郑州、开封、洛阳、新乡、许昌 5 市。从战略格局上看，这一区域如能率先基本实现工业化，将是中原城市群发展的第三个战略突破点。

　　河南省是全国人口第一大省。要把丰富的人力资源变为人才资源和社会的财富。

　　河南是农业大省。在中原城市群的发展过程中，要十分重视城乡一体化的发展，重视科技创新、产业布局、生态环境等工作。

　　河南文化资源丰富。文化是城市的灵魂，是城市的魅力所在。河南要由文化资源大省变为文化强省。在这方面，中原城市群应该走在前面。

中原城市群的辐射带动作用逐步显现。到 2020 年，郑州要发展为区域性中心城市，要形成"大郑州"的发展格局，成为中国经济发展的重要增长极。

2007 年 10 月，我到中央党校作博士后，主要研究中原城市群发展战略问题。在本课题现有研究的基础上，我将结合中原城市群发展的实际，关注国内其他城市群的新发展，对中原城市群做进一步的深入研究，以期对已取得的成果进行扩展、深入。

在日常的学习和研究过程中，我与许宝健、姚振军、张建军、王永挺等中央党校博士后同学经常交流思想、启迪思维，交流工作、学习心得，获益良多。

在本书稿的写作过程中，得到了河南省发改委城市处王旭处长的大力支持；得到了河南科技学院新科学院秦小平、范迎宾、梁中锋、孙志辉、郭凯、廖志雄等同志的大力支持，他们在材料收集、打印、校对等方面做了大量工作。本书所选用的资料大部分来源于已出版的报纸、杂志，还有一些数据来源于有关省、市国民经济和社会发展统计公报。在此，向对本书的写作给予关心、支持的老师、领导和同志们表示衷心的感谢！

2009 年 7 月于北京·中共中央党校